高校网络思想政治教育机理研究

杨东杰 主编

首都师范大学出版社
CAPITAL NORMAL UNIVERSITY PRESS

图书在版编目（CIP）数据

高校网络思想政治教育机理研究/杨东杰主编. —北京：首都师范大学出版社，2023.12
ISBN 978-7-5656-7788-5

Ⅰ.①高… Ⅱ.①杨… Ⅲ.①互联网络—应用—高等学校—思想政治教育—研究—中国 Ⅳ.①G641-39

中国国家版本馆 CIP 数据核字（2023）第 250173 号

GAOXIAO WANGLUO SIXIANG ZHENGZHI JIAOYU JILI YANJIU

高校网络思想政治教育机理研究

杨东杰　主编

责任编辑	连景岩
首都师范大学出版社出版发行	
地　　址	北京西三环北路 105 号
邮　　编	100048
电　　话	68418523（总编室）68982468（发行部）
网　　址	http：//cnupn.cnu.edu.cn
印　　刷	天津雅泽印刷有限公司
经　　销	全国新华书店
版　　次	2023 年 12 月第 1 版
印　　次	2023 年 12 月第 1 次印刷
开　　本	710 mm×1000 mm　1/16
印　　张	10
字　　数	169 千
定　　价	68.00 元

版权所有　违者必究
如有质量问题　请与出版社联系退换

编 委 会

主编 杨东杰
编委 吴 双　王 天　张 乐　刘 希
　　　 何洁玉　叶和樽　李卓然

前 言

  党的二十大强调教育的战略地位,把教育与科技单列,以"实施科教兴国战略,强化现代化建设人才支撑"为题进行讨论,把科技、教育、人才作为一个整体性的重大问题单独论述,有着特别的深意。党的二十大报告明确提出,教育、科技、人才是全面建设社会主义现代化国家的基础性、战略性支撑。教育是国之大计、党之大计,要坚持教育优先发展,加强建设教育强国,坚持为党育人、为国育才,全面提高人才自主培养质量,着力造就拔尖创新人才,聚天下英才而用之。

  高校思想政治教育工作是中国特色社会主义高等学校办学的特点和优势所在,一直以来,党中央高度重视党建和思想政治教育工作。2015年,《关于进一步加强和改进新形势下高校宣传思想工作的意见》中对思想政治教育工作提出了针对性的要求,强调了充分运用网络等媒体技术手段进行思想政治教育工作的重要性。2016年,全国高校思想政治工作会议上,习近平总书记指出"做好高校思想政治工作,要因事而化、因时而进、因势而新","提升思想政治教育亲和力和针对性,满足学生成长发展需求和期待","要运用新媒体新技术使工作活起来,推动思想政治工作传统优势同信息技术高度融合,增强时代感和吸引力"。

  随着互联网的迅速发展,网络已成为高校思想政治教育工作的新阵地,"网络思想政治教育"因网而生,成为我国高校思想政治教育工作的重要内容和重要方法手段。一方面,网络的普及拓宽了教育资源的传播渠道,增强了思想政治教育工作的效率;另一方面,网络的普及也助长了社会多元价值思想的碰撞,提高了突发事件的发生概率和影响范围,对"三观"尚不稳定的受教育者产生了显著的影响,给高校思想政治工作带来了一定的挑战,但这同样也是高校思想政治教育转型的契机。高校要抓住网络思想政治教育的新机遇,为思想政治教育工作的发展注入新的活力,具体来说,高校应根据自身校园网络建设的实际情况,逐步建立思想政治教育网络课程平台、完善拓展课下网络新媒体形式,加大人工智能等先进技术的应用,加强对受教育者的思想引导与探查，积极开发网络思想政治教育课程。教育主体与客体都要全方位提高自身的网络素养，进行有效的互动沟通，以新形式、新理念、新思路探索高校网络思想政治教育的新路径。

为更好地迎合时代发展趋势，指明当前高校思想政治教育工作的时代转向，改进网络思想政治教育的新方法和新模式，用思想政治教育网络化和精准化助推"三全育人"格局形成，作者结合网络思想政治教育实践案例编写本书，辨析了高校网络思想政治教育相关概念，探索高校网络思想政治教育机理，对当前高校网络思想政治教育工作提供了新思路，有效地增强了高校网络思想政治教育的科学性和实效性。

本书主要分七章内容对高校网络思想政治教育机理进行研究分析，第一章对高校网络思想政治教育研究的时代背景、国内外研究进展以及相关概念进行了阐释，对本书的核心概念、理论基础、研究方法进行了阐述。第二章是高校网络思想政治教育机理研究综述，对目前高校网络思想政治教育的整体研究情况进行总结和述评，梳理高校网络思想政治教育机理的发展历程，预测未来发展趋势。第三章是高校网络思想政治教育机理研究的关键技术，主要介绍高校网络思想政治教育所应用的新媒体、新技术以及内在联系。第四章是高校网络思想政治教育机理研究的载体——云平台，阐释高校网络思想政治教育云平台的选择、构建以及系统设计过程。第五章是高校网络思想政治教育机理研究的灵魂——数据，阐释了高校网络思想政治教育数据化发展进程，分析了数据技术应用在高校网络思想政治教育过程中的优势，论证了相关数据安全管理的重要性。第六章是高校网络思想政治教育机理的呈现方式，介绍微视频、动态图表、思维导图、虚拟仿真、严肃游戏和数字教材等不同教学形式的含义、应用机理以及设计流程。第七章从效果评价的角度出发，介绍了效果测评指标构架过程，以及如何运用数据资源进行高校网络思想政治教育效果测评。

本书在编写过程中注重理论与实践相结合，重点突出创新思维，结合相关领域研究成果和实际工作经历中积累的案例，对高校网络思想政治教育机理进行了全面研究，以期丰富理论研究成果，同时为高校思想政治教育工作者的实践工作提供参考。特向为本书提供理论基础的专家和学者表达衷心感谢，也期待社会各界读者对本书的疏漏之处提出批评与建议。

编者

2023 年 10 月

| 目 录 |

第一章　绪论 …………………………………………………………… 1
　　第一节　高校网络思想政治教育机理概念辨析 ……………………… 1
　　第二节　高校网络思想政治教育机理理论基础 ……………………… 5
　　第三节　高校网络思想政治教育发生前提 …………………………… 11
　　第四节　高校网络思想政治教育机理研究方法 ……………………… 14

第二章　高校网络思想政治教育机理研究综述 ……………………… 22
　　第一节　高校网络思想政治教育机理研究现状 ……………………… 22
　　第二节　高校网络思想政治教育机理特征 …………………………… 29
　　第三节　高校网络思想政治教育价值 ………………………………… 32
　　第四节　高校网络思想政治教育发展历程 …………………………… 36

第三章　高校网络思想政治教育机理研究的关键技术 ……………… 41
　　第一节　学习分析技术 ………………………………………………… 41
　　第二节　文本情感分析技术 …………………………………………… 44
　　第三节　眼动追踪技术 ………………………………………………… 46
　　第四节　认知神经技术 ………………………………………………… 49
　　第五节　多模态技术 …………………………………………………… 52
　　第六节　学业情绪分析技术 …………………………………………… 55
　　第七节　智能语音技术 ………………………………………………… 57

第四章　高校网络思想政治教育机理研究的载体——云平台 ……… 61
　　第一节　高校网络思想政治教育云平台的构建 ……………………… 61
　　第二节　高校网络思想政治教育云平台的构建方案、技术与系统 …… 70
　　第三节　高校网络思想政治教育云平台的未来发展趋势 …………… 73

第五章　高校网络思想政治教育机理研究的灵魂——数据 …………… 80

　　第一节　高校网络思想政治教育应用数据技术的必要性 ………… 80
　　第二节　高校网络思想政治教育数据化创新进程 ………………… 86
　　第三节　高校网络思想政治教育数据伦理安全 …………………… 96

第六章　高校网络思想政治教育机理呈现方式 ………………………… 106

　　第一节　高校网络思想政治教育微视频 …………………………… 106
　　第二节　高校网络思想政治教育思维导图 ………………………… 113
　　第三节　高校网络思想政治教育动态图表 ………………………… 119
　　第四节　高校网络思想政治教育中的虚拟仿真 …………………… 122
　　第六节　高校网络思想政治教育中的严肃游戏 …………………… 127
　　第七节　高校网络思想政治教育中的数字教材 …………………… 131

第七章　高校网络思想政治教育机理研究的效果评价 ………………… 136

　　第一节　效果评价的关键技术——学习分析技术 ………………… 136
　　第二节　高校网络思想政治教育全样本非实验定量评价的创新点 … 137
　　第三节　高校网络思想政治教育全样本定量评价指标的构成 …… 149

第一章 绪 论

第 51 次《中国互联网络发展状况统计报告》显示，截至 2022 年 12 月，我国网民规模达 10.67 亿。其中很多网民是受教育者群体，大学生是互联网世界中较活跃的群体，互联网的出现改变了大学生的日常学习生活。从高校教育事业和落实立德树人的根本任务来看，高校思想政治教育工作必须要把思想政治教育从现实空间拓展到网络空间，占领网络高地，在新形势下用好网络思想政治教育这一法宝，最大限度地提升高校网络思想政治教育的实效性。本章在深刻认识高校网络思想政治教育重要意义的基础上，对本书的核心概念进行辨析，论述高校网络思想政治教育机理的理论基础、发生前提，并结合本书研究内容选取合适的研究方法。

第一节　高校网络思想政治教育机理概念辨析

一、思想政治教育

思想政治教育是指社会或社会群体用一定的思想观念、政治观点、道德规范，对其成员施加有目的、有计划、有组织的影响，并促使其自主地接受这种影响，从而形成符合一定社会一定阶级所需要的思想品德的社会实践活动[1]。思想政治教育是有鲜明中国特色的概念，溯源思想政治教育的概念形成过程，最早可以从 1950 年中华全国学生联合会第十四届第二次执行委员会扩大会议通过的《中国学生当前任务的决议》中查阅到。新中国成立后，党的重心由革命斗争向社会主义建设转变，先后经历了三年国民经济恢复发展、三大改造及社会主义建设早期探索等阶段，国家建设百废待兴，需要大量的人力和物力投入建设当中，为此，党和国家发出号召，鼓励青年受教育

---

[1] 陈万柏,张耀灿. 思想政治教育学原理[M]. 北京:高等教育出版社,2015:4-5.

者积极参与社会主义建设,并发挥我党思想政治工作的优势,将青年受教育者的思想政治教育工作落到实处,确保他们树立正确的世界观、人生观和价值观,坚定共产主义信念,以饱满的精神状态参与社会主义建设。

思想政治教育的称谓经常变化,起初称之为"宣传工作",后修改多次称谓,比如"政治工作""政治思想工作""思想政治工作",虽然这些称谓不尽相同,但其本质是一致的。随着思想政治教育概念的确立,并成为统一规范的专业术语,学术界开始从不同方面展开研究,对思想政治教育的概念进行不断改进和补充,最终让其概念趋于成熟。

随着思想政治教育在学术界中的概念越来越规范,2005年国务院学位委员会、教育部发布了《关于调整增设马克思主义理论一级学科及所属二级学科的通知》。该通知对思想政治教育的学科定义明确指出:"思想政治教育是运用马克思主义理论与方法,专门研究人们思想品德形成、发展和思想政治教育规律,培养人们正确世界观、人生观、价值观的学科。"这对思想政治教育科学内涵的深入研究有实际意义,思想政治教育通过对受教育者意识形态方面的教化,并结合其实践水平和认知程度,运用意识形态教育理论及其规律,缩小教育者与受教育者在思想品德认知的差距,建立和谐稳定的社会。

二、网络思想政治教育

网络思想政治教育是思想政治教育工作在互联网时代改革创新的必然产物,但其本质并不是"网络"与"思想政治教育"两个概念的简单相加,网络既为思想政治教育提供了新的空间和工具选择,思想政治教育也为网络技术提供了发展规律。张建松最早提出"网络思想政治工作"的概念,即"利用校园网络对学生开展思想政治工作"[①]。之后,有学者在此基础上进一步指出,"网络思想政治教育是根据传播学和思想宣传的理论,利用计算机网络所进行的思想政治教育"[②],网络技术的快速发展为思想政治教育工作提供了更加广泛的应用环境和深刻内涵,目前学术界对于网络思想政治教育的概念尚未有统一的认识,其中比较全面的认识是:网络思想政治教育是指一定阶级、政党、社会团体用一定的思想观念、政治观点、道德规范,通过现代传媒、计算机网络对其受众施加有目的、有计划、有组织的影响,使他们形

---

① 张建松.发挥校园网络思想政治工作的作用[J].空军政治学院学报,1999(6):70-71.
② 刘梅.思想政治教育的现代方式:论网络思想政治教育建设[J].河南师范大学学报(哲学社会科学版),2000(2):103-106.

成符合一定社会、一定阶级所需要的思想品德的社会实践。[①] 学术界对于网络思想政治教育概念的争论主要集中在三个方面，即工具论、空间论、价值论。

一是"工具论"，在网络思想政治教育研究的起始阶段，理论界以及具体的实践领域习惯将网络当成一种传播工具，主张把网络作为思想政治教育的延展方式和工作方法，从工具性角度对概念进行阐释，是相当长一段时间内学术界关于网络思想政治教育定义的主流观点。这些观点虽然在具体的表述上有所差异，但基本认为网络思想政治教育是思想政治教育与现代网络信息技术相结合的产物，是利用网络所进行的思想政治教育。工具论诞生之初，对快速理解网络思想政治教育概念以及特征和机制有着积极作用，但仅仅将网络思想政治教育单纯定位于"工具"，对思想政治教育与网络的本质关系缺乏解释力。随着互联网技术应用场景的快速发展，仅仅将网络作为思想政治教育的技术属性来看待，已经不能解释具体工作中的实际问题，而需要建构更加深层次的理论。

二是"空间论"。互联网具有明显的开放性，互联网的快速发展不仅是技术层面的革新，也是一件具有社会学意义的事情，互联网的出现打破了传统社会的血缘、地缘、业缘等固有基础，大大提高了多主体间的交互效率，将人文思想、社会文化、观念和现实中的人通过某种架构有机连接起来，给网络使用者提供进行思想交流、信息沟通的虚拟社会交际空间。[②] 在网络社会性质的基础上可以将网络对于思想政治教育的价值拓展到空间方面，网络空间独立于现实空间，网络不再是一个工具，而是思想政治教育工作发生的新型空间，此观点将网络思想政治教育定义为一种"虚拟实践活动"，并将其与现实世界的思想政治教育活动区分开来，该观点以一种动态的过程定义网络思想政治教育，并着重指出这一过程的发生地"网络社会空间"，这是对网络思想政治教育时空认识的进一步深化。

三是"价值论"。在前者研究的基础上，有的学者尝试构建网络于思想政治教育的价值理性。以韦吉锋为代表的学者赋予了高校网络思想政治教育"价值理性"，提出其最终价值目标是促进受教育者的全面发展。此类观点不再将网络视为简单的工具，建构了育人主客体、网络、思想政治教育三者的联系，更深层次地阐释了网络思想政治教育的实质。对于网络思想政治教育

[①] 王茜,袁野,关诗雯.高校网络思想政治教育研究述评[J].河南科技学院学报,2021,41(6):14-19.

[②] 张真继,张润彤,等.网络社会生态学[M].北京:电子工业出版社,2008.

价值理性的探究是基于人的虚拟实践[①],该观点在强调网络思想政治教育价值理性的同时并没有放弃其工具理性,而是强调了两者的有机统一,主张在网络社会架构的过程中理解网络思想政治教育对人类思想发展的改造,是一种新的思想政治教育形态,关注的是深度参与网络社会的人的思想水平、政治觉悟、道德品质、文化素养的形成、变化和发展。这类观点赋予了网络在哲学视域下的存在论意义,即人、社会、网络三者同在。只要有网络存在,也就必然会存在网络思想政治教育,并且总是在引导人、教育人、塑造人。这是网络虚拟世界中人的一种存在方式。此观点重点关照了网络虚拟空间中社会与个体的特殊性联系,在考察人的数字化生存及其网络价值关系的基础上,对网络思想政治教育作出了深刻的阐释。

三、高校网络思想政治教育机理

基于前文对网络思想政治教育概念的辨析,不难对高校网络思想政治教育的概念进行全面理解。高校网络思想政治教育是网络思想政治教育的一个分支,是网络思想政治教育在高校教育环境下的特色表现形式,针对其研究和实践范围也被限定在高校范围之内。具体来看,是各高校在上级教育行政部门指导下,利用好互联网,结合受教育者特点,开展线上线下相结合、形式多种多样的思想政治教育工作,通过受教育者喜闻乐见的方式开展积极的价值观传输,潜移默化地培育社会主义现代化建设所需人才。总的来说,高校网络思想政治教育就是高校充分利用计算机网络、多媒体技术以及现代传播理论与手段,有效整合网络资源,紧密结合受教育者认知规律,精心设计的一种新的思想政治教育方式。

辨析"机理"的概念是进行高校网络思想政治教育机理研究的前提。"机理"指的是事物变化的理由与道理,其本质内涵是为实现某一特定功能,一定的系统结构中各要素的内在工作方式以及诸要素在一定环境下相互联系、相互作用的运行规则和原理[②],关注重点在于事物运作或发展的原理、规律或过程,在物理学、化学、生物学、经济学以及社会学研究中都有着广泛的应用。研究机理的目标是深入理解事物的本质,这种理解可以帮助人们改进技术、优化系统、制定政策和做出更准确的预测。总的来说,机理研究

---

① 王智慧. 网络思想政治教育是虚拟世界人的存在方式[J]. 教育学术月刊,2008(3):44-47.
② 邵龙宝. 中华优秀传统文化融入思想道德修养与法律基础课的机理研究[J]. 思想政治课研究,2021(3):143-156.

是科学发展和技术创新的基础，能帮助我们理解自然界和人类社会的运作方式，并为解决问题和改进生活提供指导。无论是在学术研究、工程设计、医学治疗还是其他领域，对机理的深入了解都是推动进步的关键。

高校网络思想政治教育中存在着明确的师生关系，进而转化为教育主客体关系；与此同时，高校网络思想政治教育的内容、原则、方式以及效果评价过程受到很多主观和客观因素的影响，这些因素不乏复杂的认知、情感、精神、欲望和意识等，甚至社会生产力水平、生产关系、科技进步水平都会映射到高校网络思想政治教育过程。因此，高校网络思想政治教育机理研究是十分必要的，其概念是指在高校网络思想政治教育系统内部形成的互相关联、互相作用、互相影响、互相制约的工作运行流程、系统管理规范以及目标实现方式等。总的来说，高校思想政治教育机理是"思想政治教育部门及工作人员在一定决策机构指挥下、在一定目标指引下、在一定动力驱动下、在一定的体制条件保障下，共同协调，实现思想政治教育整体目标和整体功能的工作程序与工作方式"[①]。

第二节　高校网络思想政治教育机理理论基础

一、马克思关于人的全面发展理论

马克思关于人的全面发展理论是马克思主义的重要思想之一，也是他对人类社会和人的本质的深刻思考。这一理论主要体现在他的著作《经济学一哲学手稿》中，尤其是其中的"人的劳动和人的本质"篇章。马克思认为，人的全面发展是指人类在实现自身潜能和能力的基础上，充分展现个体的智力、创造力和社会性，实现身心的和谐发展，达到个体和社会共同进步的状态。这种全面发展不仅包括物质层面的满足，还包括精神、文化和社会层面的发展。马克思主张人的全面发展应该是在自由和平等的基础上实现的，要尽可能地消除社会上的剥削和压迫、消除阶级差别，建立一个公平公正的社会制度。只有在这样的社会条件下，人们才能真正实现自我的全面发展，充分展现自身的潜能和能力。马克思关于人的全面发展理论强调个体和社会的统一，认为人的自由和个性在社会关系中能得到充分的发展。他强调，只有

---

① 杨晓玲,曹飞,刘慧卿.当代网络思想政治教育理论研究与实践创新[M].北京:现代教育出版社,2012.

在共产主义社会，人的全面发展才能得到最充分的实现，而在资本主义社会中，由于剥削和压迫的存在，人的全面发展受到严重的限制。

具体来看，马克思认为，人的本质是社会性的，而人与其他动物的根本区别在于人具有劳动能力和劳动创造力。通过劳动，人不断地改造自然，创造新的生产资料和文化，实现自身和社会的进步。人类的劳动是社会性的，通过集体合作完成生产，而这种社会性是人类特有的，它使得人们能够相互交流、合作和分享成果。马克思强调个体和社会的统一，认为只有在共产主义社会中，个体才能真正实现自由发展。马克思认为教育在人的全面发展中起着至关重要的作用。他主张培养全面发展的人才，且应注重培养人的创造力、批判思维和社会责任感。

马克思关于人的全面发展理论可以成为高校网络思想政治教育理论基础，尤其是在高校教育的目标和理念方面。虽然马克思的理论产生于19世纪，并未直接考虑到当前计算机网络技术的发展，但其思想对于理解和指导现代高校网络思想政治教育具有一定的启示和指导意义。一是在个体全面发展方面，马克思强调人的全面发展，这包括高校网络思想政治教育应该致力于培养受教育者在思想、文化、道德、心理和社会等的综合素养和创新能力，让受教育者在学术、思想和人格等方面得到全面发展；二是在社会性和合作性方面，马克思认为人类劳动是社会性的，高校网络思想政治教育也应该强调受教育者与社会的联系和责任感，通过网络平台，可以促进受教育者之间的交流合作，培养受教育者的团队合作和社会责任意识；三是在反思和批判精神方面，马克思主张批判地认识社会现象和现实问题，高校网络思想政治教育也应该引导受教育者具有独立思考能力和批判精神，不造谣、不信谣、不传谣；四是在教育和思想政治工作方面，马克思认为教育是实现人的全面发展的重要手段，高校网络思想政治教育也是高校教育的重要组成部分，通过网络平台，高校可以传递正面的价值观和思想，引导受教育者正确对待网络信息，增强思想政治教育的针对性和时效性。

虽然马克思的理论并未直接涉及网络技术，但其对人的全面发展、社会性和教育的思想提供了指导意义，可以帮助高校思想政治教育者更好地开展网络思想政治教育工作，促进受教育者在网络时代全面的成长和发展。然而，需要注意的是，马克思的理论是时代特定的，高校网络思想政治教育在运用其思想时应结合当代社会现实和网络时代的特点，保持其科学性和时效性。

二、社会意识能动性理论

在马克思主义哲学中，社会存在是指人们在一定的社会条件下从事物质生产活动的总和，包括生产力、生产关系、社会组织等。而社会意识是对社会存在的反映，包括人们的思想、观念、价值观、道德观等。社会意识能动性理论强调社会主体在接受社会意识形态和文化时，不是被动地被灌输，而是具有积极的选择和创造能力。这意味着社会主体（个体或群体）在社会意识形态和文化传承的过程中，可以主动选择适合自己的思想观念和价值观，并在一定程度上影响和改变社会意识形态的发展方向。

社会意识能动性理论认为，社会主体有能力自主选择和创造自己的社会意识，这种能力不仅局限于个体，也包括群体和社会组织。社会主体可以根据自身的认知、经验和价值取向来选择和接受特定的社会意识形态，也可以通过创造和传播新的思想观念和文化价值来影响社会意识的演变。社会意识能动性理论并不否认社会条件对社会主体的影响。社会主体在选择和接受社会意识形态时，会受到社会历史条件、文化背景、教育和传媒等因素的影响。这些条件可能会为社会主体提供特定的思想资源和文化环境，从而影响他们的选择和创造。

高校网络思想政治教育应该将受教育者视为主体，鼓励他们主动思考、自主选择和创造。教育者要尊重受教育者的思想需求和个性化差异，帮助他们建立正确的价值观和思想观念。教育者应该培养受教育者的独立思考能力和批判性思维，让他们能够辨别信息的真伪，自主选择有价值的知识和观点。在网络时代，教育者可以充分利用多样化的教育资源和平台，提供丰富多样的教育内容，以吸引受教育者的积极参与和学习兴趣。教育者在进行网络思想政治教育工作时，应该考虑受教育者所处的社会条件和文化背景，根据受教育者的实际情况开展教育工作，使其更具针对性和实效性。

三、网络社会学理论

互联网的普及和广泛应用为网络社会学的形成提供了前提条件。随着互联网技术的不断发展和普及，人们日常生活中的交流、信息获取和社交行为越来越依赖于网络，这引发了学者们对网络与社会关系之间联系的深入研究。网络社会学涵盖了社会学、传播学、计算机科学等多个学科的知识和方法。数字化社会转型意味着社会生活的数字化和信息化，这改变了传统社会的交往和组织方式。数字技术对社会生活的影响促使学者们开始关注互联网与社会关系的互动，进而形成了网络社会学的研究方向。

网络社会学是研究网络和互联网对社会和人类行为产生影响的学科领域，涵盖了对网络结构、网络交互、网络行为、网络文化、网络社群等多个方面的研究。网络社会学主要关注互联网时代人们在网络空间中的互动、社交、信息传播以及社会组织等方面的现象，探索互联网对社会结构和个体行为的影响。该理论第一方面是研究互联网的拓扑结构和连接方式，以及网络中人与人之间的联系和互动，关注网络中社会关系的形成、演化和变化，探究网络如何影响社会关系的建立和维系；第二方面是研究人们在互联网上的交流和沟通行为，包括社交媒体、聊天工具、论坛、博客等平台上的交互行为，关注网络交互对个体和社会的影响，以及网络互动模式的特点和规律；第三方面是研究网络空间中形成的虚拟社群、网络文化和网络社交规范，关注网络社群的形成原因、运作机制和社交行为，以及虚拟社群对社会认同和社会交往的影响；第四方面是研究互联网上信息的传播方式和路径，以及网络舆论的形成和传播规律，关注网络信息传播的速度、范围和影响力，以及网络舆论对社会事件和公众意见的塑造作用；第五方面是研究互联网对社会变迁和社会结构的影响，关注互联网如何改变社会组织形式、社会交往方式和社会结构，以及网络化对社会的深远影响。

网络社会学理论与高校网络思想政治教育研究之间存在密切联系。网络社会学理论为高校网络思想政治教育研究提供了理论基础和研究方法，同时高校网络思想政治教育的实践也推动和拓展了网络社会学理论的发展。首先是研究对象的重合，网络社会学关注互联网和数字化社会中的社会交往、组织结构、信息传播等现象，而高校网络思想政治教育研究正是探讨在高校网络环境下受教育者的思想政治教育问题。两者的研究对象在很大程度上重合，都集中在网络空间中的社会行为和社会关系。其次是研究方法的借鉴，网络社会学理论涉及复杂的网络结构、信息传播和用户行为等问题，其研究方法包括网络分析、大数据挖掘、社会网络调查等。高校网络思想政治教育研究可以借鉴这些方法，通过网络分析、问卷调查、深度访谈等手段，深入研究受教育者在网络环境下的思想政治教育需求和行为。最后是理论创新和反思，高校网络思想政治教育研究的实践为网络社会学理论的发展提供了反思和实证基础。在高校网络思想政治教育的实践中，不断涌现出新的问题和挑战，这促使学者对网络社会学理论进行创新和完善，以更好地解决实际问题。

四、网络传播学理论

人类实施教育行为的过程在某种程度上也可以看作是一种传播过程。鉴于此，高校网络思想政治教育研究以传播学的相关原理作为出发点，对其进行借鉴是很有必要的。哈罗德·拉斯韦尔在著作《社会传播的结构与功能》中提出了 5W 传播模式。拉斯韦尔认为，一个传播过程包含五大要素：谁（Who）、说什么（Say What）、通过什么途径（In Which Channel）、向谁（To Whom）、有什么效果（With What Effect）。对应这五大传播要素，他又提出了五种传播研究方法，即控制分析、内容分析、媒介分析、受众分析、效果分析。[①] 不难发现，这些要素与思想政治教育的相关要素有很大的趋同，谁（Who）对应思想政治教育中的教育者这个角色，说什么（Say What）对应教育内容，通过什么途径（In Which Channel）对应内容传输的方式、载体，向谁（To Whom）对应教育对象，有什么效果（With What Effect）对应教育的有效性。

网络传播学关注不同媒介对信息传播的影响。媒介理论认为不同的传播媒介（例如电视、互联网、手机等）具有不同的特点和功能，影响着信息的传播效果和受众的接受程度。传统媒体通常是单向传播，信息由媒体发送给受众。而网络传播学强调互联网的双向传播特性，即信息可以由受众产生、传播和分享，这使得受众在网络中具有更多的参与和互动。网络传播学研究了社交网络对信息传播和舆论形成的影响。社交网络理论则强调社交关系对信息扩散的影响，认为社交网络中的意见领袖和重要节点在信息传播中起到关键作用。随着虚拟社交网络的兴起，人们在虚拟环境中进行社交和互动。虚拟社交理论研究了虚拟社交行为对现实社会的影响，以及虚拟社交网络中的社交行为和社交关系。

网络传播学理论与高校网络思想政治教育研究有着密切的关系。网络传播学理论研究了信息在网络中的传播方式、传播效果、传播受众等诸多方面，而高校网络思想政治教育研究关注的是如何利用网络媒体进行思想政治教育。两者的关系主要体现在以下四个方面。

一是传播渠道，网络传播学理论研究了网络作为传播媒介的特点和功能，而高校网络思想政治教育研究关注的是如何在网络这一传播渠道上开展

[①] 李春雨. 拉斯韦尔 5W 传播模式与会议新闻传播效果研究[J]. 南开学报（哲学社会科学版），2014(4)：79 - 90.

思想政治教育活动。网络传播学的理论可以指导高校教育者了解网络传播的规律，从而更好地选择合适的传播渠道和方式。

二是受众特征，网络传播学理论研究了网络受众的特点和行为，而高校网络思想政治教育研究需要了解受教育者在网络上的信息获取、传播和交流行为。网络传播学理论可以帮助教育者更好地了解受众的需求和兴趣，从而更加精准地进行思想政治教育。

三是互动性，网络传播学理论强调网络传播的双向性和互动性，而高校网络思想政治教育研究需要积极引导受教育者在网络上参与互动，以增强信息传播的互动性。网络传播学的理论可以帮助高校教育者理解网络互动的规律，从而更好地开展交流和互动的教育活动。

四是用户生成内容，网络传播学理论关注用户生成内容（UGC）对信息传播的影响，而高校网络思想政治教育研究需要认识到受教育者在网络上产生的内容对思想政治教育的重要性。教育者可以通过了解UGC的特点，更好地引导受教育者产生积极向上的内容。

五、教育评价理论

教育评价理论是指对教育过程和教育成果进行评估和判断的一系列原理、方法和观点的总称。教育评价是教育管理和教育改革的重要组成部分，旨在通过科学客观的方法，对教育活动、教育质量和教育效果进行测量、分析和评估，以便为教育者提供反馈意见和改进方向。教育评价理论强调明确教育的目标和标准是评价的基础。评价的目标应该明确、具体、可操作，并和教育愿景目标相一致。同时，评价标准应该符合教育的价值取向和社会需求。教育评价理论主张采用多元化的评价方法，包括定性和定量相结合、综合评价和单项评价相结合，这样能够更全面地了解教育活动的效果和受教育者的表现，减少评价的片面性和主观性。教育评价是一个持续的过程，不仅仅局限于教育活动结束后的一次性评价，而是要在教育过程的各个阶段进行评价和反馈。通过周期性的评价能够及时发现问题，采取措施加以改进。教育评价理论认为评价不应仅仅是对受教育者和教育者的一种检验，更重要的是为教学提供改进的依据。评价结果应该帮助教育者和学校了解问题所在，优化教学策略和教学方法。教育评价理论主张将自我评价和外部评价相结合，由学校和教育者主动进行自我评价，同时接受外部评价机构的评价，这样能够增加评价的客观性和公正性。同时评价结果应该及时反馈给相关的教育主体，包括受教育者、教育者、家长和管理者，以便他们对评价结果进行了解和应对。

教育评价理论为高校网络思想政治教育提供了科学的评价方法和指导原则，帮助高校对网络思想政治教育的效果进行评估，为改进和优化网络思想政治教育方式提供了重要的依据。

一是研究目标的明确，教育评价理论强调明确教育目标和标准，高校网络思想政治教育研究也需要明确网络思想政治教育的目标。通过教育评价的方法，可以对高校网络思想政治教育的目标进行明确和具体化，以确保网络思想政治教育的实效性。二是评价方法的应用，教育评价理论提倡多元评价方法，包括定性和定量相结合、综合评价和单项评价相结合。在高校网络思想政治教育研究中，可以采用多种评价方法，如问卷调查、访谈、数据统计等，对受教育者参与网络思想政治教育的情况和效果进行综合评估。三是教学改进的依据，教育评价理论认为评价不应仅仅局限于检验，更重要的是为教学提供改进的依据。在高校网络思想政治教育中，通过评价研究可以发现问题和不足，为教学改进提供科学依据，如优化教学内容、改进教学方法等。四是自我评价和外部评价结合，教育评价理论主张将自我评价和外部评价相结合，高校网络思想政治教育也可以由高校主动进行自我评价，同时接受外部专业评价机构的评价。这样能够增加评价的客观性和公正性，为高校网络思想政治教育提供更准确的评估结果。五是评价结果的反馈，教育评价理论强调评价结果的及时反馈，应将评价结果反馈给相关教育主体，高校网络思想政治教育也可以通过评价结果的反馈来指导和改进思想政治教育工作。

第三节　高校网络思想政治教育发生前提

一、网络管理制度体系日益完善

网络安全与使用规范是高校网络思想政治教育顺利开展和健康发展的前提。近年来，国家各级相关行政部门重视法律法规的设立，旨在规范化网络运行，促进网络社会的法制化。党的十八大以来，我国网络管理的力度也在不断加强，第十二届全国人民代表大会常务委员会第二十四次会议通过了《中华人民共和国网络安全法》，推动了我国网络法制化进程的深入。

《关于加强高等学校思想政治教育进网络工作的若干意见》以及《关于进一步加强高等学校校园网络管理工作的意见》相继出台，为我国高校网络思想政治教育提供了法规依据,对高校网络思想政治教育可持续发展给予了充分指导。《关于加强高等学校思想政治教育进网络工作的若干意见》中指出,"各高校要对广大教职员工普遍进行思想政治工作进网络的教育。高校思想政治教育工作人员应主动加强有关网络知识和技能的学习,努力适应思想政治教育进思络工作的需要。"《关于进一步加强高等学校校园网络管理工作的意见》中指出,"各地教育工作部门和高校要按照'提高数值、优化结构、主动建设、相对稳定'的要求,建立一支思想水平高、网络业务强、熟悉学生上网特点的网络管理工作队伍。要坚持教育与自我教育相结合,在充分发挥党团组织、教师教育引导作用的同时,充分调动大学生的积极性和主动性,引导他们在网上自我教育、自我管理和自我服务。"2020年5月,《教育部等八部门关于加快构建高校思想政治工作体系的意见》中指出要加强网络育人。提升校园新媒体网络平台的服务力、吸引力和粘合度,切实增强易班网、中国大学生在线等网络阵地的示范性、引领性和辐射度,重点建设一批高校思政类公众号,发挥新媒体平台对高校思政工作的促进作用。引导和扶持师生积极创作导向正确、内容生动、形式多样的网络文化产品。

日益完善的制度体系保障了网络思想政治教育的发展。高校网络思想政治教育虽为新事物,但全部改革创新过程必须在有效监管下进行,教育过程必须旗帜鲜明讲政治,切实加强网络内容建设,确保网络意识形态安全,提升网络监管能力,加大监管力度。

二、内容传播技术取得革命性突破

信息网络技术的推广普及,打破了信息交流的时空限制,极大地改变了社会信息传播的方式,深刻地影响着思想政治教育的环境。[1]网络时效性的优势是信息网络的最大优势。随着数字化、人工智能、大数据等技术突飞猛进的发展,极大地推进了网络技术创新应用发展,比如以抖音、快手为代表的短视频拥有海量的青年用户,很多高校也将短视频平台作为自身网络思想政治教育工作新媒体矩阵的重要一环。轻松有趣的宣传内容往往也使得思想政治教育内容容易被青年受教育者所喜爱和自发宣传。网络时代下的信息交流软件还有很多,这些软件也让更多的受教育者爱上了现代学习模式,有效地调动了受教育者的学习热情,使得教育形式更为多样化,教育的效率也因

---

[1] 沙林斌,朱海林,杜淑艳.高校网络思想政治教育工作的现状与对策研究[J].高教学刊,2020(1):176-178.

此提升。网络教育就是借助网络来缩短教育者与受教育者之间的距离，让教育者能够更了解受教育者的性格特点以及学习能力与兴趣爱好等具体情况，从而展开针对化的思想政治教育工作。内容传播技术既提高了网络教育载体的多样性，而且受教育者收集学习资源变得更加简单，教学形式变得更为人性化，高校网络思想政治教育工作的时效性和实效性也都得到了显著提升。

互联网中的信息是数字化的信息，即将所要分享、传递的信息以数字的形式组织起来，并转化为电子信号，借助网络在各个终端之间进行传送。网络信息传播的速度是时间压缩的体现，国界、地界的打破则意味着空间距离的靠近。在信息社会里，第一时间获取信息资料不仅决定着经济效益的高低，还决定了国家是否能够占领意识形态的高地，因此突破时空界限的信息传播对政治、经济、社会的发展都具有重要的意义。网络技术所拓展的思想政治教育工作的时空，为及时宣传党的思想路线、政治纲领、政策法规等社会主义的意识形态，巩固社会主义的思想文化阵地提供了便利条件。网络庞大的信息量不仅为思想政治教育提供了丰富的资源，还隐藏了教育内容的政治性、阶级性本质，提高了教育内容的文化内涵和教育手段的技术含量。网络使思想政治教育主客体能够更有针对性、更加便捷地从网络上查询到所需要的思想政治教育信息，从而摆脱了在大量的报刊、书籍当中找寻信息的困境。思想政治教育软件、红色网站、革命电影、网上授课、网上展览、网上讲座等都可以成为思想政治教育的载体，思想政治教育的信息也可以通过网络及时更新，使受教育者能够及时、迅速地获取最新信息，以提高思想政治教育的时效性。

三、教育形式多样性、灵活性不断提高

互联网综合了传统媒体的优点，能够通过文字、声音、图像、视频等多种方式传递思想信息，使受教育者的多个感官同时受到激发。为了使高校网络思想政治教育入脑入心，内化为受教育者的理想信仰和价值观，需要依靠教育者对意识形态的阐述。在这一过程中，网络传播的物质技术条件、方式和方法直接影响着意识形态的传播效力和渗透力。

互联网将文字、声音、图像、动画、视频等多种感知功能融为一体，为思想政治教育创造了轻松愉悦的教育环境，提供了多样化的教育方式。这不仅降低了教育成本，便于检索和复制，还能够生动、直观地传递教育信息。将严肃的宣传教育内容通过以故事、影片、游戏等富有创新性的形式呈现出来，更符合受教育者的年龄特点和个性化发展需求，从而极大地提升了思想

政治教育的吸引力和感染力。

高校网络思想政治教育在很大程度上激发了受教育者这一教育客体的主观能动性，目前国家与社会各个单位与部门传播的涉及政治、经济、科技、教育、娱乐等丰富的内容在网上能轻易检索，为受教育者提供全方位党和国家的最新政策，社会民生和时尚热点等资讯。一方面为受教育者及时了解社会发展、真切接触社会现实提供机会。这些方方面面的信息内容无形中影响着受教育者的思想观念，促使受教育者坚定地支持党和国家的重大政策，有效地接受社会的主流价值观，并身体力行，努力学习，为国家的发展与社会的进步做出贡献。另一方面，青年受教育者也通过网络获得话语表达空间。以受教育者为中心，探索新媒体环境下受教育者的思想政治教育新方法，本质上是通过提升主体在技术、内容等方面的掌握和应用水平，更好地了解受教育者对于内容和信息的需求，从而更有针对性地开展思想政治教育工作，与受教育者形成共鸣，提高受教育者对思想政治教育的认可度。

第四节　高校网络思想政治教育机理研究方法

建立科学化的思想政治教育研究方法，让思想政治教育研究从思辨迈向实证是发展趋势，也是破解当前该学科研究实际应用困难的重要措施。高校网络思想政治教育机理的研究具有鲜明的时代特征，在当前数字技术应用场景不断拓展的背景下，高校思想政治教育工作有了新途径和新挑战。不少高校意识到了时代发展的趋势，在具体教育管理工作中形成了丰富的实践经验，积累了广泛、深厚的研究材料，其中众多实践经验有着发展为普适性理论知识的潜力，因此，选择合适的研究方法，界定合适的研究对象，进行科学的研究过程，能够使得研究结论具有普适性和可操作性，也可以推动理论研究聚焦解决现实问题，实现学科科学化发展。

根据高校网络思想政治教育机理研究的目的和内容，聚焦理论研究与实证研究相结合的研究理念，确定以下五种研究方法与相关研究有较好的契合性，可为研究过程提供有效的技术工具。

一、文献综述法

文献综述法是指通过对相关文献的梳理、分类、概括和总结，形成对研究问题的一个综合性认识和深入了解的研究方法，它是对已有的文献资料进行系统的检索、汇总、分析和总结的过程。文献综述法可以帮助研究者了解某一特定研究领域的现状和最新进展，以及对同一问题的不同研究方法和结果的比较。它是研究的前期准备阶段，可以帮助研究者在确定研究课题、研究方法和设计研究方案时有更好的依据。在高校网络思想政治教育研究中应用文献综述法是合适的。文献综述法可以帮助研究者了解网络思想政治教育领域的研究现状和研究趋势。研究者可以通过文献综述法了解已有研究中使用的研究方法、研究结果和研究缺陷，从而更好地设计自己的研究方案。

文献综述法在高校网络思想政治教育研究中的契合性主要表现在以下四个方面，一是可以分析研究现状，文献综述法可以帮助研究者了解网络思想政治教育领域的研究现状和研究趋势，了解已有研究的成果和不足，为自己的研究打下基础。二是可以研究关键问题，通过对已有文献的分析，研究者可以确定网络思想政治教育研究中的关键问题和研究重点。而这些关键问题和研究重点可以为研究者设计研究方案和研究方法提供依据。三是可以分析研究方法和研究成果，研究者通过文献综述可以掌握网络思想政治教育领域中常用的研究方法和已有的研究成果，进而选择合适的研究方法并得出研究结论。四是可以预测研究的缺陷和不足，研究者通过文献综述可以发现网络思想政治教育领域中的研究缺陷和不足，并提出相应的建议来改进研究设计和研究方法。

在研究高校网络思想政治教育时，文献综述法可以帮助我们了解网络思想政治教育的历史渊源和发展脉络。通过对相关文献的梳理，我们可以知道网络思想政治教育的起源和发展过程，以及其所面临的各种困难和挑战。一是梳理网络思想政治教育的研究领域和研究方法。通过系统梳理已有的文献，可以了解网络思想政治教育研究的主要领域，以及研究者所使用的研究方法和技术。二是总结网络思想政治教育的研究成果和现状。通过对已有文献的分析和归纳，可以梳理出网络思想政治教育的研究成果，并对其进行总结和归纳。三是指出网络思想政治教育的研究空缺和存在的问题。通过对已有文献的分析，可以发现网络思想政治教育研究中存在的研究空缺。

根据文献综述法在学术界研究的基本流程，结合高校网络思想政治教育研究的具体需要，可以确定其应用文献综述法的具体步骤：一是确定研究课题。确定研究的具体课题，明确研究目的和意义，并确定研究范围和限制。二是文献检索。使用各种资源和工具检索相关文献，如学术数据库、网络资源、专业期刊、学位论文等。文献检索的关键词和检索时间应该明确。三是文献筛选。根据研究目的和课题确定的研究范围，对检索到的文献进行筛选，确定符合研究要求的文献。筛选的标准可能包括文献发表时间、文献类型、文献主题等。四是文献阅读。读取符合要求的文献，了解文献的主要内容、研究方法和结论。在阅读过程中，应该重点关注研究方法、研究结论、研究缺陷等关键信息。五是文献分析。对读取的文献进行分析，提取文献中的关键信息。分析的方法包括比较分析、主题分析、知识图谱分析等。六是文献总结。对文献分析的结果进行总结，得出研究结论。研究结论应该反映研究的目的和意义。七是参考文献列表。对研究中所使用的文献要标注清楚名称以及来源，并按照规范格式列出参考文献。

二、案例研究法

案例研究法是一种常用的社会科学研究方法，可以应用于不同领域的研究，如社会学、心理学、管理学、教育学等，其目的在于深入了解某一特定的现象或问题。案例研究法通过对一个或几个具体的案例进行研究，来获取对研究问题的深入了解。案例素材本身并不是理论，而在研究者对案例素材进行分析、解释、判断和评价时，不可避免地要回到自己的理论假设或者理论取向，从而形成特定的理论。从这个意义上来说，案例研究是从具体经验事实走向一般理论的一种研究工具。

在高校网络思想政治教育研究中，案例研究法可以用于研究特定高校网络思想政治教育的模式和实践，以及这些模式和实践对受教育者思想品德发展的影响。高校网络思想政治教育是一个具体的研究对象，通过对一个或几个具体高校的网络思想政治教育模式和实践进行研究可以深入了解其特点，发掘其中的问题和可行性。通过案例研究法可以获取大量的翔实资料，进行深入的描述和分析，这对于了解高校网络思想政治教育的具体实践和效果有很大的帮助。案例研究法可以在多个维度上进行研究，如从受教育者、教育者、管理者、策略等方面了解网络思想政治教育的现状和发展趋势。案例研究可以在实际情境中进行研究，能更好地模拟实际情况，更好地揭示高校网络思想政治教育的问题和发展趋势。

根据案例研究法的基本应用步骤，结合高校网络思想政治教育研究的具体特点，可以将案例研究法在该研究过程中的应用步骤概括如下：一是确定研究目的和问题。在确定研究目的和问题的过程中，需要明确研究的主题、目的、问题、假设等。这些问题需要基于研究背景和现实需求来确定，可以经过研究人员讨论或者专家点评，制定好研究目标并根据目标在合理范围内选择合适案例选择范围和标准。二是选择研究对象。这个步骤是案例研究法的重要步骤，需要考虑研究对象的典型性、代表性和可比性。在选择研究对象时，需要根据研究问题和目的来确定，以确保研究对象具有足够的代表性和可比性。在高校网络思想政治教育研究中，可以选择一所特定的高校或者一组高校作为研究对象。三是收集研究资料。收集研究资料是研究的重要环节，需要根据研究目的和问题来确定资料来源。一般来说，案例研究资料可以分为两类：一类是现有文献资料，包括报纸、杂志、书籍、报告、论文等；另一类是原始资料，包括访谈、观察、问卷调查等。四是对研究资料进行分析。分析研究资料是研究的关键环节。在案例研究中，需要对研究资料进行定性和定量分析。定性分析是对资料进行描述性分析，主要用于描述研究对象的特征和现象；定量分析是对资料进行统计分析，主要用于研究对象的数量、特征以及变化趋势的分析。五是解释及总结。在研究资料分析完成后，需要对研究结果进行解释，以便了解研究对象的特征和现象。

三、动态分析法

动态分析法，也称为系统动力学分析法，是一种用来研究社会和组织运作的变化和发展的研究方法。它强调研究社会系统中不同元素之间的相互关系和相互作用，以及这些元素在时间上的变化和发展。通俗地说，就是用来描述系统的内部和外部环境之间的相互作用，以及通过系统内部各组件之间的关系来研究系统的变化趋势的方法。

动态分析法基于系统理论，认为社会系统是由多个元素组成的，这些元素之间存在着相互关系和相互作用，并且在时间上会发生变化和发展。通过对研究对象的演变过程进行分析，探究其发展规律和本质特征。这种方法常常被用于研究社会现象、历史事件等具有动态变化性的问题。

高校网络思想政治教育是近年来高校思想政治教育改革的重要方向之一。高校通过使用网络技术手段和网络平台来实施思想政治教育工作，使得思想政治教育更加现代化、智能化、个性化。在研究高校网络思想政治教育机理时，可以通过对过去几十年间网络思想政治教育的发展历程进行分析，了解其所经历的各个阶段，以及在不同阶段所面临的技术挑战和教学困难，为高校网络思想政治教育的未来发展提供重要的借鉴和启示。

研究人员可以使用动态分析法来研究高校网络思想政治教育的实施过程，如研究高校网络思想政治教育的设计理念、实施方式、课程设置等；研究人员还可以通过研究高校网络思想政治教育的影响因素，如研究受教育者的学习习惯、学习环境、思想和观点，以及网络教学环境等对高校网络思想政治教育的影响。

同时研究人员还可以通过高校网络思想政治教育的结果来研究，如受教育者对高校网络思想政治教育的接受度、学习成绩，网络思想政治教育对受教育者的思想、观点、道德和公民素质的影响等。

　　研究人员可以通过多种数据收集方法，如观察、访谈、问卷调查等，来收集有关高校网络思想政治教育实施过程、影响因素和结果的数据，再使用统计分析和时间序列分析等方法来研究高校网络思想政治教育的变化和发展趋势。

　　另外，运用动态分析法在研究高校网络思想政治教育时，也可以使用网络数据采集技术，如爬虫技术和 API 接口，以采集来自网络社交媒体平台的数据，包括文本、图片和视频等，来进行网络舆情分析和社交网络分析，以了解网民对高校网络思想政治教育的看法和评价，并通过这些数据来发现新的研究课题和研究方向。

　　动态分析法的过程包括如下步骤：首先，确定研究的时间范围和研究对象。收集有关数据和信息。再次，查阅相关文献，包括政策文件、学术论文、统计数据等。还可以开展问卷调查，访问一些专家学者，了解他们对高校网络思想政治教育的看法。然后，需要对这些数据进行分析。可以使用统计分析工具，如 Excel 或 SPSS 等，对相关数据进行统计分析，并用可视化的折线图或柱状图来表示高校网络思想政治教育的发展趋势。最后，对研究结果进行总结和解释。

四、规范分析法

　　规范分析法是一种用于研究文本数据的方法，可以用于研究社会科学和人文科学领域中的许多话题。规范分析法提供了一种通过对文本语言结构和语用特征进行分析来深入了解文本意义和功能的方法。规范分析法可以用来研究高校网络思想政治教育中的政策文件、教学大纲、教材等文本，还可以用来收集受教育者在网络环境中发布的关于政治和道德话题的帖子和评论，然后对这些文本数据进行分析。研究人员可以使用不同的分析方法，例如语篇分析、话语分析和语用分析等，来揭示受教育者在网络环境中对政治和道德话题的看法和观点。语篇分析是指对整个文本的分析，主要用于了解文本的整体结构和意义。话语分析是指对话语现象的分析，主要用于研究语言使用者如何使用语言来表达自己的观点和思想。语用分析是指对语言使用情境和语境的分析，主要用于研究语言使用者如何通过语言来完成社会交往和互动。

规范分析法在高校网络思想政治教育研究中的应用可以从多个方面进行。首先，规范分析法可以用来研究高校网络思想政治教育的教学内容和方法。通过分析教学大纲和教材，研究人员可以了解高校网络思想政治教育的教学目标、教学内容、教学方法等。研究人员可以通过对受教育者的学习行为进行观察和分析，来发现教学中存在的问题和改进的方向。其次，规范分析法可以用来研究高校网络思想政治教育的政策文件。通过分析政策文件，研究人员可以了解高校网络思想政治教育的政策背景、政策目标、政策措施等。通过观察政策文件的语言特征，了解政策制定者的态度、立场和意图。此外，规范分析法还可以用来研究高校网络思想政治教育的实施情况。研究人员可以通过对教育者的教学行为和受教育者的学习行为进行观察和分析，来了解高校网络思想政治教育的实施效果和存在的问题。

在研究高校网络思想政治教育机理的过程中，使用规范分析法大致是依照以下基本步骤：一是选取文本，选取需要分析的文本，可能是一篇文章、一段对话、一句话等。在选取文本时，研究者需要考虑文本的代表性和可靠性。二是文本转录，将文本转录成文本记录的形式，以便进行分析。文本转录包括完整记录文本内容和形式上的纠正，研究者需要保证记录文本的准确性。三是文本分级，将文本划分成不同的层次，如句子、词汇、音素等。通常，研究者会按照语法或语用规则来进行文本分级。四是文本标记，为文本中的每个单元标记语法和语用特征。这些标记可能包括词性标记、句法标记、语用标记等。五是文本分析，利用所标记的特征来分析文本结构和语用功能。例如，研究者可以使用语法分析来了解文本中的句法结构，或使用语用分析来了解文本中的语用功能。六是多源数据收集和跨源验证，研究者应该尽量采用多种方式来收集数据，如采访、问卷调查、文本分析等。多源数据收集有助于更全面的理解高校网络思想政治教育的现状。同时，研究者还应该对研究结果进行跨源验证，通过不同的数据来源和方法来验证研究结论的可靠性和有效性，以提高研究的可信度。七是研究质量的保证，研究者需要保证研究的质量，包括研究的可重复性、可比性、可信度和可证明性。可重复性指研究结果是否可被其他研究者重复得到。可比性指研究结果是否可与其他研究结果进行比较。可信度指研究结果是否具有可靠性。可证明性指研究结果是否可被证明或证实。八是注重研究的实用性，规范分析法的研究结果应该有助于解决实际问题，因此应着重考虑研究的实用性，并力求在研究结果和研究结论中提供有用的建议和指导。

五、发展战略分析法

发展战略分析法是一种研究机构或组织发展战略的方法，是一种系统的、全面的研究方法，它结合了多种学科知识和研究方法，从不同的角度和层面，对组织或国家的发展战略进行全面的分析。通过发展战略分析法可以了解到组织或国家在环境、资源和能力、目标和战略、执行情况、绩效等方面的现状和发展趋势，并对其进行综合评估。在环境分析方面，发展战略分析法需要对内外部环境进行分析，包括经济、政治、社会、文化、技术等因素；在资源和能力分析方面，发展战略分析法需要对资源和能力进行分析，包括人力资源、技术资源、财力资源等；在目标和战略分析方面，发展战略分析法需要对目标和战略进行分析，包括其发展目标、战略方向、战略措施等；在执行情况分析方面，发展战略分析法需要对战略执行情况进行分析，包括战略落实的效果、进展、障碍等；在绩效评估方面，发展战略分析法需要对发展战略进行绩效评估，包括战略效果、战略效率、战略可持续性等。通过发展战略分析法的全面分析，可以为组织或国家的未来发展提供建议和改进措施。

在高校网络思想政治教育研究中，发展战略分析法可用于研究高校如何利用网络技术来实现思想政治教育目标。具体来说，高校可以利用网络技术来提高思想政治教育的效率和质量。例如，高校可以使用网络课堂、在线学习平台、网络辅导等技术来提高课堂教学质量，并使受教育者能够在任何时间和地点学习。此外，高校还可以使用网络技术来提高课堂教学的互动性和参与度，让受教育者能够更好地参与课堂学习。并在实施过程中对高校面临的问题和挑战进行分析，并提出改进措施。在高校网络思想政治教育研究中，发展战略分析法可用于研究高校如何制定和实施网络思想政治教育发展战略，例如，研究人员可以根据受教育者的反馈来调整在线学习平台的使用方式，或者根据政策的变化来调整网络思想政治教育的目标。同时，发展战略分析法还可以帮助高校评估网络思想政治教育发展战略的效果，例如通过受教育者的学习成绩和参与度来评估。还可以通过发展战略分析法对高校网络思想政治教育实践的研究提供理论和实证的支持，比如研究人员可以通过对多所高校网络思想政治教育实践的调查分析，确定网络思想政治教育发展的战略目标和重点，并对不同高校在网络思想政治教育发展战略实施过程中面临的问题和挑战进行分析。

发展战略分析法通常由以下步骤组成：一是环境扫描，对高校网络思想政治教育发展的环境进行分析,包括外部环境(如政策、技术、竞争等)和内部环境(如组织文化、教学资源等),可以通过文献研究、调查问卷等方法来实现。分析政策环境是指了解国家和地区对高校网络思想政治教育的支持和要求。分析技术环境是指了解相关的网络技术发展趋势;分析竞争环境是指了解其他高校在网络思想政治教育方面的实践和成果;分析内部环境是指了解高校的教学资源、组织文化等。二是目标和战略分析,根据环境扫描结果确定网络思想政治教育的目标和发展战略。目标包括提高网络思想政治教育质量、提高受教育者参与度等。发展战略包括使用网络课堂、开发在线学习平台等。三是战略实施,根据目标和战略制定具体的实施计划,包括教学资源配置、人员培训等。配置教学资源包括购买软件和硬件,培训教育者和受教育者,使他们能够使用网络思想政治教育平台开展网络思想政治课程,并进行管理和监督。四是结果评估,通过各种度量工具来评估战略的结果,例如受教育者的学习成绩、参与程度,教育者的满意度等。五是结果应用,根据评估结果来改进战略,并进行相应的调整,以提高网络思想政治教育的质量和效率。以上步骤需要根据不同高校的环境和需求进行相应的调整。

通过发展战略分析法,高校可以适应不断变化的环境,有效地利用网络技术来实现思想政治教育目标,并不断地改进网络思想政治教育的质量和效率。需要注意的是,这个步骤并不是一成不变的,在实际应用中需要根据研究问题和研究特点进行相应的调整和变通,这也是发展战略分析法的优势之一,能够灵活适用于不同领域的研究。

第二章 高校网络思想政治教育机理研究综述

对于高校网络思想政治教育的研究一直是学术界的研究热点，相关研究不仅局限在教育学领域，也涉及社会学、政治学、计算机科学等，因此在本书的相关研究进行之前，需要对目前整体研究情况进行总结和述评，并在前人的研究基础上，对高校网络思想政治教育的特征价值进行总体概述，并按照事物的发展规律，梳理高校网络思想政治教育机理的发展历程，预测未来发展趋势。

第一节 高校网络思想政治教育机理研究现状

一、高校网络思想政治教育与传统思想政治教育比较研究

思想政治教育工作要想不断地取得实效性，那么紧跟时代潮流，主动拥抱改革创新是制胜法宝。网络思想政治教育则在互联网技术快速发展的背景下应运而生，彻底改变了旧有的教育传播渠道和手段。然而，无论是传统思想政治教育还是网络思想政治教育，它们的本质都是关注人的发展。因此，对于这两者之间的同异，我们也应该持辩证的态度。在这一研究领域，许多学者倾向于探讨两者之间的相似和差异。

思想政治教育借助互联网信息海量、隐匿性高、虚拟性强等特点，与自身的教学内容、方法、队伍等进行融合，使思想政治教育在网络这个新领域内实现了创新发展，拓宽了思想政治教育的发展空间。[1] 不难观察到，传统思想政治教育和网络思想政治教育这两者之间的区别为实现它们的融合互补

---

[1] 卢岚,徐志远,曾蔚.网络思想政治教育:思想政治教育学的重要范畴[J].学术论坛,2006(10):179.

提供了基础，也为建设和改进网络思想政治教育的规划与发展奠定了基石。网络思想政治教育的兴起填补了传统思想政治教育在空间和时间上的不足。同时，网络信息技术的快速发展也丰富了传统思想政治教育的传播手段。新型的网络思想政治教育提高了教育者和受教育者之间的互动性，并增强了教育内容对受教育者的吸引力。庞大的网络信息资源也在一定程度上丰富了传统思想政治教育的内容。通过将时事政治和热点新闻融入网络思想政治教育的教学，拓展了受教育者的知识面，使教育真正做到全面覆盖。

与网络思想政治教育相比，传统思想政治教育也有自身的优势，有学者论述："网络思想政治教育具有传统思想政治教育所缺乏的时代特性，它符合社会的发展，同时也是一种新式的教育体系。"[①] 首先，网络思想政治教育为教育工作提供了极大的便捷服务，打破了教育对象和时空的局限性，使更多的人能够在无约束的情况下参与教育工作和活动。其次，网络思想政治教育具有显著的实效性和时效性，这是传统思想政治教育所不可比拟的。通过充分利用这些功能，可以更好地整理、归纳和存储教育内容，从而充分展现思想政治教育的作用。最后，网络的高度虚拟性和自由性改变了受教育者和教育者之间的不平等地位，使受教育者更敢于表达内心声音，同时也使教育者能够因材施教，根据受教育者的实际情况进行辅导和引导工作，这对于加强教育双方之间的健康长久关系有着巨大的帮助。

总的来看，学术界对网络思想政治教育的认识愈发客观，网络思想政治教育和传统思想政治教育各有优势，可以相辅相成。传统教育强调面对面的交流和教育者的指导，而网络教育则注重灵活性、广泛性和高效性。在具体实践工作中，两者可以结合使用，以更好地满足不同学习者的需求和提升教育的效果。

二、高校网络思想政治教育必要性论证

首先，高校网络思想政治教育是落实党中央对思想政治工作的政治需要。2015 年，中共中央办公厅、国务院办公厅印发《关于进一步加强和改进新形势下高校宣传思想工作的意见》，对网络思想政治教育提出了针对性的要求，强调充分运用网络等媒体技术手段进行思想政治教育工作的重要性。2016 年，全国高校思想政治工作会议召开，习近平总书记指出做好"高校思想政治工作，要因事而化、因时而进、因势而新"，"提升思想政治

---

① 刘基,王首道. 关于网络思想政治教育及研究的几个问题[J]. 思想教育研究,2017(12):16.

教育亲和力和针对性，满足学生成长发展需求和期待"，"要运用新媒体新技术使工作活起来，推动思想政治工作传统优势同信息技术高度融合，增强时代感和吸引力"。因此，利用好互联网平台和资源，发挥网络思想政治教育功能，引领青年受教育者价值共识，坚定他们的理想信念，自觉将个人理想追求与中华民族伟大复兴进程紧密结合起来，是高校进行思想政治教育工作供给侧改革的首要任务，更是完成"立德树人"根本任务的政治使命。

其次，高校网络思想政治教育是培养德才兼备、全面发展的接班人的需要。网络思想政治教育作为一种交叉学科教育模式，结合了传统的政治学、法律学、经济学等学科，并加入了信息技术、社会学、心理学等相关学科的内容，以满足当今复杂多变的社会需求。这种教育模式能够帮助受教育者更全面地了解当前社会的各种问题，提高全局观念和综合思维能力。高校网络思想政治教育强调以受教育者为中心，强调受教育者对知识的主动探索、主动发现和对所学知识意义的主动建构，是满足受教育者主体能动性，提升思想政治教育的亲和力和针对性的需要。[①] 发挥受教育者积极主动、善于利用新技术和新手段、勇于创新、敢于探索、善于协作等特点，将他们吸引并参与到思想政治教育学习全过程，潜移默化地完成世界观、价值观和人生观的塑造。

最后，高校网络思想政治教育是思想政治教育工作队伍的必备技能。新形势下对于网络思想政治教育工作队伍的基本要求是明大势、懂技术、讲方法。网络思想政治教育工作队伍必须拥有坚定的政治信仰，能够用马克思主义的基本立场、观点、方法思考和处理问题，对中国共产党和中国特色社会主义道路高度认同，了解世情、国情、民情，对国内外形势特别是西方包括自由主义思潮在内的各种理论派别有着清晰的认识，在大是大非问题上不含糊不摇摆。[②] 面对快速发展的互联网技术和思想活跃的青年受教育者，思想政治教育工作人员必须掌握基本的互联网技术，熟悉互联网应用的基本操作，具备网络信息处理和分析能力，掌握受教育者的最新动态，群策群力、群防群治、信息连通、资源共享，既解决受教育者的实际问题，又解决其思想问题，对高校思想政治教育工作内涵的深入理解与

[①] 李卫,申亚莉.从思政课程到课程思政:从战略高度构建高校思想政治教育课程体系[J].现代职业教育,2020(41):70-71.

[②] 吴健,丁德智.对大数据条件下创新网络思想政治教育工作的几点思考[J].学校党建与思想教育,2017(1):71-73.

探寻，构建与时俱进、守正创新的思想政治教育的新格局，切实强化思想政治教育的实效性。[①]

三、高校网络思想政治教育内容

网络思想政治教育主要内容在主观上与传统思想政治教育保持高度一致，但站在时代角度审视，众多细节还存在着不少分歧。一些学者认为："高校网络思想政治教育的内容与传统思想政治教育还应有所差别，它的时效性需要它在时代的进步下不断更新和演变，以受教育者在新时代环境下的心理和实际需求为导向，这两个条件被满足的同时也就构成了网络思想政治教育的内容。"[②] 因此，从思想政治教育的价值取向来看，高校网络思想政治教育的内容应该涉及国家、社会以及人们的种种日常，还涉及文化教育等各个具体学科。正是由不同门类、不同性质教育的交融，凝集各自的优势，组成整套的网络思想政治教育体制。

有学者也将网络思想政治教育内容拆分为"网络思想教育"和"网络政治教育"[③]，两者以其各自的地位和作用推动着网络思想政治教育整体不断发展，二者不可相互替代。但是由于二者教育内容在具体实践过程中有着大量相互重合的内容，因此在网络思想政治教育工作实践中，要具体问题具体分析，准确把握网络思想教育和网络政治教育的联系与区别，使网络思想教育与网络政治教育能够正确实施，并且相得益彰。[④] "网络思想政治教育从来都非零散的、组装的，而是具有一整套内在逻辑性很强的系统，它离不开网络这个固有的主体、网络中层出不穷的各种载体，通过两者的强强联手，实现对其加以多样输出。"[⑤] 综上所述，由于网络思想政治教育的完整学科体系尚未形成，互联网技术的新应用层出不穷，完整全面的网络思想政治内容正在完善中，因此在现阶段审视网络思想政治教育这一新事物的形成和发展时，需要采用整体的视角，不仅要关注新事物本身的特征，还要关注它与周围环境和其他要素的相互关系，这样的视角有助于更全面地理解新事物的内涵和影响。与此同时，网络思想政治教育内容应当是与时俱进的，因

---

① 张根兴,刘胤芷. 新媒体环境下高校思想政治教育工作者的角色嬗变[J]. 北京教育(德育),2014(3):34.
② 刘基,王首道. 关于网络思想政治教育及研究的几个问题[J]. 思想教育研究,2017(12):16.
③ 张敏. 大学生网络思想政治教育存在的问题及对策研究[J]. 商,2015(43):84.
④ 周湘莲. 思想政治教育的内容与相互关系[J]. 社会主义研究,2004(2):112-113.
⑤ 宋元林. 构建网络思想政治教育内容体系[J]. 政工研究动态,2019(18):16-18.

为网络的各种媒介和载体在传输和传递网络思想政治教育内容中扮演着至关重要的角色。网络为思想政治教育提供了丰富多样的媒介形式，如文字、图像、音频和视频等。整体的视角、网络的主体性地位以及多样化的媒介和载体相互联系、有机统一，有助于网络思想政治教育的实施。

四、高校网络思想政治教育机理基本规律

高校网络思想政治教育是思想政治教育的组成部分，国内学术界目前对思想政治教育的基本规律研究较为完善，相关探讨众说纷纭。目前学术界主要存在着一元论与多元论之争，即思想政治教育基本规律到底是一个规律，还是多个规律。持一元论的学者力图通过用最为抽象和普遍的原则归纳总结出基本规律的内容，如邱伟光、张耀灿提出的"适应超越律"[①]、李合亮提出的"个人与社会政治互动中的精神建构规律"[②]等。此外，学者们也对基本规律的内涵及外延加以深刻阐释。如将"适应超越律"作为对基本规律的概括，并进一步指出它所包含的具体内容：思想形成发展规律与服从和服务于社会规律[③]。基本规律多元论认为思想政治教育基本规律的数量不是一，而是多，思想政治教育存在多个一般性、普遍性或是全局性意义的规律。如陈秉公的五规律说[④]。此外，也有学者在探索揭示思想政治教育基本规律的新思路，如从基本矛盾分析中推导出思想政治教育的三大基本规律，从基本范畴中揭示基本规律，认为思想政治教育基本矛盾蕴含于基本范畴中，因而基本范畴可以揭示具有根本性质的思想政治教育规律[⑤]。

关于网络思想政治教育基本规律这一问题的探讨，很多研究者的相关成果给予了我们一些借鉴与思考，有学者系统研究了网络德育过程规律的相关问题，并深刻地阐发了其中的主要内容。展开而言，它们包括教育者主导作用与受教育者主体作用的辩证统一、协调自觉与控制自发影响的辩证统一、思想品德行为的虚实统一[⑥]。杨果较为系统地阐释了网络思想政治教育规律的内涵、特征及其内在结构，引入"网络人"这一概念并将其作为逻辑起点，着重论述了网络思想政治教育的形成发展规律、网络人的思想品德形成

---

① 邱伟光,张耀灿.思想政治教育学原理[M].北京:高等教育出版社,1999:114-118.
② 李合亮.思想政治教育基本规律新探[J].学校党建与思想教育,2020(9):22-25+33.
③ 张耀灿,郑永廷,吴潜涛,等.现代思想政治教育学[M].北京:人民出版社,2006:70-73.
④ 陈秉公.思想政治教育学原理[M].沈阳:辽宁人民出版社,2001:167-182.
⑤ 黄少成,傅安洲.论思想政治教育学基本范畴与一般范畴的区别[J].湖北社会科学,2015(5):177-181.
⑥ 蔡丽华.试论网络德育过程及其规律[J].当代世界与社会主义,2006(5):145-148.

发展规律与思想政治教育内容的网络化生产规律[①]。此外，也有学者将研究聚焦于基本规律的主要内涵及其应用问题。胡钰将其内容归纳为坚持马克思主义教育、坚持教育引导与文化熏陶相结合、坚持内容的客观性和说理性、坚持管理与自律共抓[②]。唐亚阳、杨果立足网络环境、人与网络思想政治工作三者的内在关系，分析了网络环境下文化形成发展规律、人的思想品德形成发展规律以及思想政治教育工作规律。其观点所呈现的一个重要特点就是将基本规律的分析置于网络文化内核之下[③]。

很多国外学者也从"政治教育""道德教育"等角度阐述过教育的基本规律。揭示和认识教育的规律性，一直以来都是西方教育学者进行理论研究与实践探索的重要目标。赫尔巴特提出"教育性教学"概念，强调了道德教育之于教育教学的重大意义，认为如果失去了道德教育，教学就失去了意义，而只能成为"无目的的手段"[④]。他的这一观点后经苏联教育家的借鉴升华，进一步阐述了教学规律。捷克民主主义教育家夸美纽斯通过举例子的手法来论证教育要遵循自然秩序，提出"教育要遵循自然"的主张。此外，西方学者也在个体道德发展阶段与进程的相关研究中成果丰硕，为研究人的思想行为的形成发展提供了有益的理论指导。曼纽尔卡斯特则通过社会科学与人文科学的研究方法，细致精准地描绘了数字信息时代网络社会的基本样貌[⑤]。他还指出网络社会这一新的社会形态是伴随着信息技术革命而产生的，并重点研究了在全球化与网络化深刻发展的时代背景下，宗教、民族、国家的认同问题[⑥]。其中有关信息技术与网络社会发展关系的思想观点，为深入研究网络社会的发生条件、发展规律等问题打开了新的理论视野。

五、高校网络思想政治教育实效性评价

科学恰当、可操作性强的高校网络思想政治教育实效性评价体系是高校网络思想政治教育机理的重要组成部分。学术界已有许多学者对高校网络思想政治教育的实施现状进行了研究，深入分析和总结了当前教育工作的优劣

---

① 杨果. 网络思想政治教育规律论[D]. 长沙:湖南大学,2016.
② 胡钰. 信息网络化与高校思想政治教育创新[M]. 北京:高等教育出版社,2003:184-193.
③ 唐亚阳,杨果. 网络思想政治教育的基本规律探析[J]. 湖南大学学报(社会科学版),2013(3).
④ 赫尔巴特. 普通教育学:教育学讲授纲要[M]. 李其龙,译. 北京:人民教育出版社,2015.
⑤ 曼纽尔·卡斯特. 网络社会的崛起[M]. 夏铸九,王志弘,译. 北京:社会科学文献出版社,2000.
⑥ 曼纽尔·卡斯特. 认同的力量[M]. 曹荣湘,译. 北京:社会科学文献出版社,2006:4-72.

得失，明确指出高校网络思想政治教育实效性的影响原因涉及多个方面，关于"高校网络思想政治教育质量评价"的研究，虽然在理论基础、评价维度和评价方法等方面尚未形成成熟的体系，但这一课题已经引起了广大学者的密切关注，并取得了一定的研究成果。

姜晓丽将定性评价与定量评价相结合，从教育者、受教育者、教育内容、教育方法、管理机制和教育环境等六个角度，构建了全方位的网络思想政治教育实效性评估体系[①]。赵亚飞利用定性的方法对网络思想政治教育实效性进行了统计评估[②]。徐建军、肖凤构建了层次指标体系，利用模糊综合评价法分析高校网络德育绩效，开拓了理论研究思路[③]。王丽君概述了网络思想政治教育评估的构成原则、构成内容及评估方法和反馈调节[④]。顾素敏着眼高校网络思想政治教育的教育主体、教育对象、网络教育载体、教育过程四个维度，构建实效性评价"四维指标体系"，通过社会调研法和证据推理方法开展评价[⑤]。张国启、王婧认为，要运用符合网络时代开放、多元特点的评价方法，从教育者、受教育者、教育活动本身三个维度进行科学、客观的质量评价[⑥]。冯刚、严帅提出，开展思想政治教育质量评价必须进一步明确"为什么评价""谁来评价""评价什么""如何评价"等重要问题，提出"四个下功夫"的发展之策[⑦]。

在高校网络思想政治教育实效性评价体系逐渐丰富完善的基础上，学者们对于如何提升高校网络思想政治教育实效性也做了颇多研究，从多个视角提出了相应的方案与对策。徐绍华从教育传播角度指出，增强教育效果是高校开展网络思想政治教育工作的根本追求，要从提高教育传播主体素质、把准教育客体心理需求、精心设计教育内容、运用多种教育传播手段、重视教育传播的反馈环节、优化教育传播环境等六个方面采取措施[⑧]。温勤则主张

---

① 姜晓丽.大学生网络思想政治教育实效性评价体系研究[J].思想教育研究,2010(6):57-60.
② 赵亚飞.高校网络思想政治教育评价研究[D].长沙:湖南大学,2017.
③ 徐建军,肖凤.基于模糊综合评价法的高校网络德育绩效评价[J].思想教育研究,2012(12):47-51.
④ 王丽君.大学生网络思想政治教育研究[D].西安:陕西师范大学,2018.
⑤ 顾素敏,刘德军.基于证据推理的高校网络思想政治教育实效性评价[J].安徽科技学院学报,2019,33(6):102-107.
⑥ 张国启,王婧."互联网+"时代大学生思想政治教育的质量评价[J].思想政治教育研究,2019,35(1):140-143.
⑦ 冯刚,严帅.新时代高校思想政治教育工作质量评价的理论思考与发展展望[J].云梦学刊,2019,40(4):81-88.
⑧ 徐绍华.高校网络思想政治教育实效性研究[M].昆明:云南民族出版社,2006:99.

高校网络思想政治教育要通过牢固树立网络阵地意识、增强专题教育网站的吸引力、加强教育队伍建设及资金投入来增强育人实效。崔海英则将高校网络思想政治教育与大数据时代这一背景紧密结合，认为只有从理念创新、平台建设、机制建设、队伍建设四个方面着手才能有效地提升大数据时代下的育人效果。陈志勇则创造性地指出当前我国高校网络思想政治教育正面临着一个圈层化困境，将教育主客体割裂开来，要更好地开展高校网络思想政治教育工作，就必须激活和强化教育主客体关系，打破教育主客体之间的隔阂，要再造圈层、融入圈层、扩大圈层[①]。

第二节 高校网络思想政治教育机理特征

一、教育内容丰富

互联网的开放性赋予了网络教育内容开放和多样的特性。在传统教育模式中，教育资源通常受到时间、空间和资源等限制，受教育者的知识获取也较为有限。然而，互联网的普及为受教育者提供了一个开放的学习平台，不受地域和时间限制，使受教育者能够随时随地获取丰富多样的教育资源。受教育者通过互联网手段可以轻松拓展知识范围，有效地解决传统教材教育信息更新滞后的问题。这种开放性特征为高校网络思想政治教育提供了宝贵机遇，使教育者和受教育者能够以开放的心态探索新的教育模式和教育内容。

网络传播的快捷性为高校网络思想政治教育带来了许多便利。互联网的传播速度远远超过传统媒体，消息可以在瞬间传递到全球各地。网络传播的快捷性为高校思想政治教育内容的动态更新开启了便捷通道，克服了传统视域下因客观因素而导致的传播弊端，打破了时空限制，显著提高了信息传播效率。在高校网络思想政治教育中，教育者可以利用网络媒体及时传达最新的政策动态以及理论更新，使受教育者在第一时间了解党和国家的方针政策，增强政治意识和使命感。这种及时更新的传播方式有助于提高受教育者对当前时事的关注度和参与度，促进受教育者积极参与社会实践和公共服务。

网络传播的便捷性还在于教育主体获取信息的无差别性。互联网不分地域、年龄、职业等，受教育者通过互联网可以足不出户获取最新的时事资讯，拓宽视野范围，实现了主体间信息的同步交流和互动。通过网络教育平

---

① 陈志勇. 圈层化困境：高校网络思想政治教育面临的新挑战[J]. 思想教育研究, 2016(5): 72.

台，受教育者可以自由选择感兴趣的课程，进行自主学习，使教育变得更加个性化和灵活。正是由于网络思想政治教育的开放性特征，极大地增强了思想政治教育内容的丰富性。无数网络终端不断制造和传播着各种信息，网络思想政治教育信息甚至以几何级数递增，能够及时满足受教育者的学习需求。同时，网络思想政治教育信息的传播方式是多样化的，能够满足不同层次受教育者的需求，实现立体交叉和动态传播模式，大大增强了教育信息的传播力度。通过这些优势，网络思想政治教育在开放性和多样性的推动下，为受教育者和教育者提供了更广阔、更灵活的学习和教学平台。

与此同时，网络思想政治教育内容丰富性特征也带来了一些挑战，比如信息的开放性可能导致信息真实性和准确性难以保证的问题。在互联网上，信息的真假很难鉴别，受教育者在接受网络教育时可能会受到虚假信息的误导。因此，在网络教育中，教育者和受教育者需要提高信息辨别能力，培养正确的信息判断意识。

二、教育过程互动性强

"共享"是互联网非常重要的特点，在共享精神的推动下，人们可以在互联网上获取海量的信息资源。这一共享精神的核心在于将知识和信息变得更加开放、共享，让人们在网络的世界中能够自由地获取和传播信息。互联网的开放性和平等性特点使得每个个体都有平等的机会参与其中，而不受到现实世界中社会地位、身份或地理位置的限制。

在网络的世界里，人们的真实身份常常被隐藏和模糊化，无论网民的身份地位是什么，在网络上都可以平等地交流和表达意见，而这种平等的交流氛围在传统思想政治教育过程中并不常见。随着网络的出现，逐步实现了教育主客体间的地位平等化，教育者和受教育者在网络世界中拥有相似的地位，共同参与教育过程，共同构建知识和价值观。

网络作为一种全新的信息载体传输方式，为多元化思想的并存和交流提供了公共平台。在网络的虚拟空间中，不同思想、观点、文化可以自由交流，这促进了多元化的学术和思想交流。同时，网络交往消除了传统社会交往中人际关系的不平等性，人们的参与主体自身的差异性被缩小，彼此之间实现互动成为可能。网络思想政治教育在这个公共平台上为思想交流和多元化的学习提供了有利条件，有助于培养受教育者的综合素养和批判思维能力。

在网络领域，高校受教育者往往能够更加快速地学习和掌握先进技术，能够通过网络获取需要的知识和资料。互联网的快捷性和便利性为教育提供了更广阔的发展空间。同时，网络思想政治教育也改变了传统的师生关系。教育者的角色从"独奏者"过渡到"伴奏者"，从对受教育者机械式的灌输转变为沟通和引导。师生间通过各种网上和网下途径进行沟通互动，大大增加了互动的频率。这种新型的师生互动方式为教育提供了更加广阔和灵活的平台，有利于激发受教育者的学习兴趣和积极性。

高校网络思想政治教育逐步实现了教育主客体间的地位平等化，为思想交流和多元化的学习提供了有利条件；高校网络思想政治教育也改变了传统的师生关系，使得教育者和受教育者之间的互动更加频繁和灵活。这些优势使得高校网络思想政治教育成为推动高校教育事业改革和发展的重要力量，为培养具有现代素养和创新能力的优秀人才提供了新的途径和机遇。随着互联网技术的不断发展，网络思想政治教育必将继续深化和拓展，逐步构建开放、包容、共享的知识社会。

三、教育环境虚拟性

虚拟性指主体间的交往行为可以不依赖物理空间，不进行身体接触，只通过数字化的媒体就可以实现。主体的虚拟性是由网络的虚拟性所决定的。

网络以虚拟数字技术为高校网络思想政治教育构建了一个虚拟空间。与传统教育环境依靠稳定实体不同，它的存在状态是无形的。在网络世界中，万事万物都以比特的形式存在，人们之间的情感表达和交流通过符号传递，即世间的一切构成都可以转化为数字化的虚拟存在。同时，现实环境中的教育活动因网络技术的介入变得更加多样化——人们可以通过网络课堂学习知识，通过网络平台进行在线讨论，通过网络手段进行答疑解惑。网络手段可以实现现实环境中无法实现的教育活动，为教育提供了更加广阔的可能性。

四、教育效果动态反馈及时

相较于传统思想政治教育，网络思想政治教育由于自身的诸多优势，从而产生了更加及时、显著的教育效果。通过互联网传递文字、图像、声音等各种形式的思想政治教育信息，使得新时代网络思想政治教育的教育效果获得明显的提升，突出表现为及时与显著两个特点。借助先进的数据分析技术，受教育者的学习状态和效果反馈可以以更高效率反馈到教育者手里，然后根据不同受教育者的特点和动态跟踪数据，精准覆盖每个受教育者的学习过程，及时调整课程设计特点，提高思想政治教育精准性和实效性。

高校网络思想政治育人活动借助互联网平台，打破时空局限进而深挖海量的信息数据，实时把握育人对象的动态，为进一步开展精准的思想政治教育提供数据支撑。着眼于内容层面来看，"动""静"统一的海量数据能够使高校网络思想政治教育主体动态掌握受教育者的部分情况，家庭情况、年龄、性别等结构化、显性的"静"态数据信息，然而受教育者在互联网中"半结构化非结构化"隐性的动态数据的获取却异常艰难。育人主体难以掌握受教育者的动态信息，就难以实现对受教育者的全面性把握。随着目前数据处理与分析技术的快速发展，数据可视化处理流程不断简化，定性分析和定量分析紧密结合可以很好地反映出高校网络思想政治教育过程中的效果评价。通过数字赋能高校思想政治教育，能够借助表单填写提取"静"态数据，比如借助思想政治教育课课前的问卷直接统计受教育者的多元化学习诉求和特殊偏好。同时，借助互联网全时段"采集、统计、分析"育人对象的活动印记形成"动"态的数据[1]，例如借助学校图书馆借阅数据精准剖析受教育者的专业阅读水平与偏好，借助教学数据掌握受教育者的思想政治教育课学习成效，利用超星学习通、腾讯会议等平台使用情况掌握受教育者的线上学习情况，动态性了解受教育者，进一步全面把握受教育者学习状态与学习效果。着眼于范围层面来看，全方位覆盖群体与个体的数据能够帮助高校思想政治教育育人主体全面把握受教育者情况。

第三节 高校网络思想政治教育价值

一、筑牢育人本位

育人作用是新时代网络思想政治教育最基本的作用。育人的含义是指新时代网络思想政治教育能够通过对受教育者进行思想政治教育活动，从而提升受教育者的思想素质，完善受教育者的人格，促使受教育者的全面发展。网络思想政治教育注重受教育者的道德教育，以培养受教育者良好的道德品质和社会责任感；网络思想政治教育涵盖了多个学科的内容，可以帮助受教育者全面提高知识水平和能力；网络思想政治教育强调实践性，受教育者可以通过课堂上的实际操作来增强实际能力；网络思想政治教育鼓励受教育者思考和创新，以培养受教育者的创新能力；网络思想政治教育强调受教育者的社会参与意识，以培养受教育者对社会和环境的关注和参与。新时代网络

---

[1] 洪涛.高校网络思想政治教育议程设置实践与创新[M].北京:中国社会科学出版社,2021.

思想政治教育的育人作用在教育过程中扮演着重要的角色，可以通过对受教育者的教育活动，提高受教育者的思想道德素养，培养受教育者形成良好的思想道德素质，从而促进受教育者的全面发展。当今时代由于各种思想广泛传播，加上互联网为信息传播提供了便捷的渠道，所以人们接触到了相较于以往更多的思想。如果没有正确的教育，那么人的思想就容易误入歧途，进而对个人、集体乃至社会、国家产生不良的影响。

高校网络思想政治教育的重要价值体现在实现了全环境育人，推动了"大思想政治教育"格局的构建与完善，互联网环境包括数字虚拟环境和现实社会环境，虚拟与现实的和谐是网络思想政治教育工作的重要价值目标。① 相较于线下思想政治教育，网络思想政治教育可以通过线上全覆盖性来助推大思想政治教育格局的形成。一方面，就信息技术层面来说，以5G、云计算、人工智能和大数据为代表的新一轮信息技术为思想政治教育的全覆盖性提供了环境上的支持。相较于线下思想政治教育，线上思想政治教育使得学习不再受到时空、教育资源水平等客观条件的限制，更高效便捷、大范围地开展育人工作。除此之外，线上教学中以动态视频所传递的信息更加灵活直观，信息量大而且更易理解，极大程度地调动了人们参与的积极性和主动性。另一方面，就信息内容层面而言，互联网和信息技术的发展为人们提供了更多的选择空间和条件。技术环境的不断完善给人们带来了全新的学习生活体验，使人们能够借助于网络载体丰富自己的学习生活方式和话语内容。与此同时，网络技术中蕴含的丰富的价值观念、数字信息资源都可以转化为教育资源为思想政治教育的育人工作所用。网络技术蕴含着开放、平等、创新、共享等积极的价值观念，促进了当代青年思想意识的成长和提升，② 而网络技术提供了大量的数字信息资源，这就为人们学习知识、拓宽眼界提供了有利条件。

二、加强引导作用

引导作用是高校网络思想政治教育的重要作用之一。网络思想政治教育有助于引导受教育者正确认识社会，树立正确的世界观、人生观和价值观；网络思想政治教育有助于引导受教育者正确处理人际关系，增强社会交往能力；网络思想政治教育有助于引导受教育者健康发展，提高综合素质；网络思想政治教育有助于引导受教育者参与社会，增强社会参与意识；网络思想

---

① 张瑜. 大数据环境下思政教育工作的创新发展[J]. 人民论坛,2018(30):112.
② 张再兴. 网络思想政治教育研究[M]. 北京:经济科学出版社,2009:41,141.

政治教育有助于引导受教育者做正直人，树立正确的道德标准。新时代网络思想政治教育能够对受教育者的意识形态进行引导，使受教育者对思想政治教育的内容进行内化，转变为自身的思想，然后再进行外化，把思想转变为行为习惯。在互联网的大背景下，当今时代的各种思想广泛传播，受教育者接触到了相较于以往更多的思想。如果没有正确的引导，就容易受到其中消极思想的影响，所以要注重积极引导的重要作用。总的来看，高校网络思想政治教育的引导作用主要体现在三个方面，即理想信念引导、行为规范引导和回应社会热点。

一是理想信念引导。理想信念引导就是通过网络思想政治教育，帮助人们形成正确的理想信念，具有指向性、稳定性的特点。人们总是根据自己的理想信念所遵循的价值观准则分析问题，评价事物选择态度和行为，对符合自己理想信念的各种事物和思想行为给予肯定的评价和选择，对有悖于理想信念的各种事物和思想行为则持否定的态度。因此，理想信念对人们的认识活动和实践活动，具有明确的导向性。理想信念作为人们的精神支柱，一旦确立便会产生坚定持久的力量[①]。高校网络思想政治教育内容里面包含了大量的关于世界观、人生观和价值观的内容，对高校受教育者的理想信念的塑造有着重要的导向性作用。

二是行为规范引导。网络思想政治教育对行为规范引导的作用可分为两个层次，一是道德规范导向，二是法制规范导向。道德规范导向是通过道德原则和道德规范的教育，在受教育者群体中形成广泛的价值认同，从而对个人行为进行群体内监督，用个人心理压力规范行为发生。法制规范导向，就是通过法律法规成文对受教育者行为进行规制。两个层次的行为规范引导方式有着逻辑递进关系，道德规范是基础，法律法规是保障，因为任何违法违规行为从根本上来说，都是道德缺失所致，由此可见加强道德规范教育，提高人们的道德素质是非常重要的。高校网络思想政治教育通过互联网在虚拟环境下进行道德规范教育，特别是网络道德规范的教育，对高校受教育者形成道德规范意识，重视道德问题有着显著的导向作用。

三是回应社会热点。矛盾是普遍存在的，不管经济和社会发展到什么程度，都会不断地有热点问题产生。我国是世界最大的发展中国家，面对的机遇与挑战并存，社会热点事件层出不穷，而互联网对于社会事件的传播有着明显的"加速器"作用。在信息快速传播的过程中，会出现大量的谣言谎言

---

① 张耀灿,郑永廷,吴潜涛,等.现代思想政治教育学[M].北京:人民出版社,2006.

等虚假危害信息，高校网络思想政治教育承担着热点事件中"应急处突"的关键作用。当社会热点发生，高校网络思想政治教育者要通过互联网技术迅速掌握青年受教育者的舆论动态，按照党和国家的方针政策和实事求是的原则，朝着有利于问题得到解决的方向进行引导，占领舆论高地，规范网络环境，引导青年受教育者的理性思考与合理表达。

三、持续拓展教育形式

互联网的优势赋予了高校网络思想政治教育的发散功能和持续功能。发散功能指思想政治教育的信息和资源通过网络传播，从而扩大受教育或受影响的范围。持续功能是指网络思想政治教育信息和资源可以长久性的发挥效能。互联网作为媒介，使得思想政治教育信息和资源具有无限的扩散性，突破了时间和地域的界限。高校网络思想政治教育通过大量的网络资源，丰富受教育者的知识面，帮助受教育者掌握更多的知识，提高受教育者的综合素质。网络思想政治教育通过丰富多样的教育活动，培养受教育者的创新能力，提高受教育者发现问题、思考问题、解决问题的能力。通过网络平台上的各种实践活动，以增强受教育者的实践能力，帮助受教育者更好地适应现代社会的发展。网络平台上的各种教育活动也拓宽了受教育者的兴趣，让受教育者在学习中享受更多的乐趣，增加受教育者的学习兴趣。

高校网络思想政治教育在发散功能方面具有以下优势：首先，通过互联网的广泛覆盖，受教育者无论身处何地，只要有网络连接，就能接触到丰富多样的思想政治教育信息和资源，这使得教育的传递不再受制于时间和空间的限制，真正做到了全天候、全地域的教育覆盖。其次，互联网为教育者提供了更多元、更灵活的教学手段，可以采用多样化的教育形式，包括文字、图像、视频等多种媒介，以满足不同受教育者的学习习惯和需求。再次，互联网上的知识和资源更新速度快，受教育者可以及时了解到最新的时事政治知识，保持教育内容的时效性。同时，高校网络思想政治教育在持续功能方面也表现出许多优势。互联网为教育者提供了实时反馈和数据分析的机制，让教育者可以了解受教育者的学习进度和效果，根据受教育者的学习情况进行及时调整和个性化指导，持续提高教学的精准性和针对性。网络平台上的各种实践活动和教育活动也可以让受教育者在不断的实践中提升能力、开拓视野，持续提高学习兴趣和学习动力。高校网络思想政治教育通过在网络平台上开展各种教育活动，提升受教育者的社会影响力，帮助受教育者更好地适应现代社会的发展，为受教育者的未来发展铺平道路。

高校网络思想政治教育能够拓展受教育者的综合素质，促进受教育者的综合能力发展，使得受教育者获得更多的发展可能。新时代网络思想政治教育的拓展功能在教育过程中扮演着重要的角色，可以拓展受教育者的思想道德素质，让受教育者不断地发展自身，从而促进受教育者的个性发展和全面发展。所以新时代网络思想政治教育的拓展作用起到重要的意义，通过让受教育者不断地拓展自身，从而提高综合素质的全面发展，进而符合时代发展的要求。

第四节 高校网络思想政治教育发展历程

一、探索阶段（1994年—1998年）

1994年至1998年是高校网络思想政治教育的第一个阶段，也称为初步探索阶段。在这个阶段，高校思想政治教育的教育者更多地是通过被动接触网络开始探讨互联网所带来的影响，同时某些高校开始自发地探索应对策略，主要采取的手段为"防、堵、管"。

具体而言，1994年，中国科学技术网与国际互联网正式对接，标志着中国踏入了互联网时代。同年，以高校师生为主要服务对象的"中国教育和科研计算机网"也正式建设成功，将中国的高校学子带入了互联网的大门。在这个时期，尽管信息网络的发展速度惊人，但高校更多的是重视网络硬件基础设施的建设，而忽略了网络教育环境的建设。短短几年时间，校园网络迅速成为在校大学生参与和关注的热点，也成为高校学子倾诉心声和传播信息的平台，这引起了一些教育者的关注，并开始自发地研究网络工具可能引发的社会问题。因此，这个阶段的高校网络思想政治教育的特点主要表现为"被动接触"和"消极应对"。

在这一时期，绝大多数的高校教育者并未积极参与网络活动，对网络的认知更多的是停留在其工具属性上，关注互联网带来的负面影响。互联网引入大学校园，短短几年时间迅速风靡万千学子。伴随着互联网的发展，一些高校学子开始自发组织建设BBS站点。1995年，清华大学成立了"水木清华"BBS、南开大学成立了"我爱南开"BBS、中山大学成立了"逸仙时空"BBS、西安交通大学成立了"兵马俑"BBS等，这批BBS站点的设立预示着高校互联网时代的来临。随着越来越多高校BBS站点的设立，在

BBS 上发帖成为当时最时尚的校园活动,高校受教育者们纷纷在网上表达自己对当前国际、国内的政治、经济、教育和民生等方方面面问题的关注,并抒发自己内心的见解和想法。伴随着高校受教育者的热情参与,一些问题也开始凸显出来。一方面,由于网络的开放性和匿名性特征,BBS 上的信息鱼龙混杂,甚至出现了一些不和谐的声音,对受教育者的思想造成不利影响;另一方面,由于高校 BBS 的管理者绝大多数为在校大学生,存在管理松散、对发帖内容审核不严格等问题。

在这个时期,我国互联网建设更多是注重硬件建设,而忽视了内容建设,导致出现了网络信息不对称等问题。在这一时期,由于网上 95% 的信息是由美国服务器提供的,致使各种意识形态的文章、信息泛滥,"黄赌毒"信息随处可见,这给高校思想政治教育工作带来极大的困难。当面对问题时只能被动采用"防、堵、管",无法从根源上解决问题,极大地削弱了高校思想政治教育的针对性和时效性。对于网络发展所引发的各种问题,也引起了一些高校教育者的思考,并表达了对于网络技术发展所带来的担忧。学者王殿华在其《信息时代高校思想政治工作的新课题》一文中表达了这种忧虑,认为随着互联网进一步的普及和发展,将会对受教育者的思想品德形成造成极其不利的影响,并极大地增加对受教育者进行思想政治教育的难度。之后又有很多学者和教育者对此表示了担忧。

二、建设阶段（1998 年—2004 年）

这一阶段的主要特征是"积极探索和占领互联网宣传新阵地"。经历了上一阶段的发展之后,国家开始加强对受教育者网络思想政治教育的宏观指导。1999 年,中共中央发布《关于加强和改进思想政治工作的若干意见》,提出"只有充分发挥党的思想政治工作这一政治优势,才能保证经济工作和其他工作的正确发展方向"。2000 年,教育部发布《关于加强高等学校思想政治教育进网络工作的若干意见》,明确指出要"切实加强对思想政治教育进网络工作的领导,进一步理顺管理体制,扎实推进思想政治教育进网络的各项工作"。同年,中央思想政治工作会议指出,"互联网已经成为思想政治工作的一个新的重要阵地"。在一系列国家政策指引下,吹响了思想政治教育工作"进网络"的号角,极大地激发了高校教育者的研究和实践热情,改变了过去的被动状态,拉开了思想政治教育的新篇章。

教育者们开始通过高校思想政治教育主题网站、电子邮件等手段和渠道,深入网络,积极教育和引导受教育者们。建设思想政治教育主题类的

"红色网站"成为这一阶段的一个重要教育宣传手段。2000年，教育部明确要求"各高校都要重点规划几个在师生中有吸引力、有影响力的网站"，自此各个高校开始积极行动起来。根据教育部2005年5月统计，全国创办"红色网站"的院校达到250多所，占全国高校的1/5。与传统的以课堂教学为主的思想政治教育宣传手段相比，"红色网站"具有明显的优势，受教育者在"红色网站"上接受教育信息具有更高的自由度和自主性。一方面，受教育者可以自由选择接受信息的时间和地点，极大地增加了学习的便利性；另一方面，受教育者可以自主选择所需要接受的教育内容和表现形式，提高了学习兴趣。当然，"红色网站"的教育形式也存在一些弊端，比如过度依赖受教育者的主动访问，以及其吸引力和影响力还需进一步加强等。各高校在积极建立"红色网站"的同时，也开始探索基于电子邮件收发的网络思想政治教育。

随着网络发展的日新月异，网络生活成为人们实现社会价值的重要手段，各高校通过思想政治教育主题网站建设和电子邮件沟通的教育形式取得了一定的成效。这一时期尽管绝大多数的高校教育者对于网络的认识有了更加深入的了解，但由于网络失范行为的层出不穷，教育者更多的是被动地跟随，起到"救火队"的作用，很难掌握主动权去积极引导受教育者，高校网络思想政治教育的实效性依然面临严峻的挑战。

三、发展阶段（2004年—2010年）

随着互联网技术的进一步发展和完善，高校网络思想政治教育迈入了新的发展阶段，这一阶段的主要特征是完善和创新。在前两个阶段实践探索的基础上，高校教育者进一步加强了对信息技术的使用力度，探索和创新教育手段和渠道，以提高网络思想政治教育的实效性。与此同时，中央也进一步加强了对互联网的调控力度。2007年10月，党的十七大报告中明确提出要"加强网络文化建设和管理，营造良好网络氛围"。

在实践不断发展和深入的过程中，前两个阶段存在的问题也逐渐暴露出来，高校教育者相应地进行了策略调整，对存在的问题进行不同程度的革新与完善。首先，在这一时期，BBS的使用率大幅下滑，越来越多的大学生对BBS失去了兴趣。为提升其吸引力和影响力，高校管理者从满足受教育者日常学习和生活方面入手，在高校BBS中设立受教育者服务型板块，并根据学校和社会热点积极发起话题讨论等活动，以提高受教育者的兴趣。这些措施在提高高校BBS人气和防止网民流失方面发挥了积极作用。其次，高校BBS"风光不再"的同时,"红色网站"在经历了一轮"爆发式"的增长后,进入了发展的"瓶颈期"。因此,一些高校开始从提高网站管理人员素质和更新网站内容方面着手,通过对结构和内容的优化,增强对受教育者的吸引力。

在不断完善前两个阶段存在的问题的同时,广大的思想政治教育者也在不断地创新网络思想政治教育的新渠道和新方式。从2005年以后,随着即时通信时代的到来,博客、微博、QQ、飞信、社交网站等的使用率不断提高,越来越多的高校思想政治教育者开始尝试开辟新的教育阵地。首先,通过博客和微博进行教育宣传。博客自2002年进入我国后,迅速在受教育者群体中普及,至2009年底,受教育者使用博客的比例高达81.4%。随着博客和微博的使用率和影响力不断扩大,一些高校思想政治教育者开始尝试使用它们进行思想政治教育。高校辅导员和思想政治教育者纷纷开通博客和微博,加强具有针对性的教育和宣传。这种新型的教育宣传方式具有个性化、多元化和开放性等特征,一经推出就受到广大高校受教育者的支持和拥护。其次,探索以即时通信工具为手段的交流宣传平台。这种新型的教育宣传方式由于依托真实的人际关系,所以具有更强的可信度和有效性,更容易被受教育者所接受。

四、完善阶段（2010年至今）

这一阶段的主要特征是积极利用移动多媒体终端和大数据技术来探索新型思想政治教育的理论和实践研究。党的十八大以来,以习近平同志为核心的党中央高度重视网络文化建设和青年思想政治教育工作,要求全体教育者深刻认识到网络文化的复杂性,并做好相应的应对措施。

随着我国网络基础设施的进一步升级完善和智能手机制造技术的飞跃发展,我们逐步迈入了Web3.0的移动互联时代。在这一时期,我国网民人数继续保持高速增长,并随着5G时代的来临,手机因其携带方便、操作简单等优势,迅速成为人们学习和生活的重要伙伴。高校受教育者更是人手一部手机（平板）或一台电脑,成为上网或使用"微博""微信"等新媒体最普遍的群体。正是基于手机的广泛使用,高校思想政治教育者开始探索依靠在手机上运行的"微信"来开展教育活动。

在积极使用多媒体工具的同时,各高校积极探索使用大数据技术。大数据技术的发展和应用正改变着每个人的学习和生活方式,甚至有专家预言它将会带来一场新的技术革命。将大数据技术运用于学校的教育管理中,可以为受教育者提供更加个性化的教育和服务。而将大数据技术应用于高校思想政治教育中，可能会带来以下改变。首先，过去依靠人工手动分析部分数据进行的小规模数据调研活动将会终止，取而代之的是利用云存储和新媒体技术进行的数据收集，这将提供更加全面的数据分析，将受教育者的所有信息表现为各种量化数据，从而获得更加全面的分析结论。其次，通过大数据技术对受教育者进行数据收集和分析，有利于全面了解受教育者的个人情况，从而制定更加具有针对性的教育方案。

根据目前高校网络思想政治教育现状，可以预测，未来网络思想政治教育将向四个方向发展，分别是门户化、"大V"化、微域化、融合化。门户化和"大V"化将不断增强网络思想政治教育在网络上的话语权，将引导网络风气，激发正能量。微域化将使网络思想政治教育落地生根，将理论教育与解决受教育者实际问题相结合，同时网络思想政治教育通过收集大量的信息、数据等功能，建立网络思政库，顺应社会教育变迁和受教育者的实际需求，创造丰富多彩的教育形式和营造全方位、全过程育人氛围，形成程序化、科学化、数字化的长尾效应。融合化就是要不断将文字、图片、音频、视频等融为一体，极大地调动受教育者的视觉感知和听觉感知，增强了受教育者的精神投入和兴趣倾向，不仅达到事半功倍的成效，实现高质量的网络思想政治教育成效以及形成广泛认同的教育综合效应。[①] 在不远的将来，网络思想政治教育教学模式将发生明显改变，如互动教材走进受教育者、思想政治教育和受教育者行为的海量数据数据库出现、思想政治与交叉学科相继出现等。

---

① 谢虞南,谭西涵,胡潇月.高校网络思想政治教育接受度的影响因素实证研究[J].电子科技大学学报(社科版),2019,21(6).

第三章 高校网络思想政治教育机理研究的关键技术

新时代新征程，大力推进新兴技术在教育中的应用，培育教育教学新形态，对于深化教育改革创新、推进教育现代化、办好人民满意的教育具有重要意义。高校受教育者来自五湖四海，每个受教育者都有各自的独特的性格和成长环境。结合全过程数据，应用新媒体新技术，解密思想政治教育"黑箱"，了解地球上最精密、最灵敏、最复杂的人身心系统在接受教育中思想形成和变化的规律和"入脑、入心"效果，分析思想政治教育学习情绪类别和影响因素，探寻思想政治教育育人规律。围绕立德树人根本任务，以思想政治教育入脑、入心效果为依据，可以有效地增强受教育者获得感，增强青年受教育者"四个认同"，推进教育教学改革，提升思想政治教育实效。

本章主要介绍学习分析技术、文本情感分析技术、眼动追踪技术、认知神经技术、多模态技术、学业情绪分析技术及智能语音技术等7种新兴技术，通过合理地将新技术应用在不同的网络思想政治教育场景并分析其特点，帮助教育者了解和分析网络思想政治教育各要素的内在工作方式以及诸要素在一定环境条件下相互联系、相互作用的运行规则和原理，进而揭示网络思想政治教育的机理及本质特征。

第一节 学习分析技术

一、技术简介

（一）定义与内涵

学习分析技术是指在受教育者日常学习中通过一定的技术手段全面采集数据并加以分析，获取受教育者学习知识的进度及深度，挖掘受教育者在学习过程中遇到的困难与问题，预测受教育者在未来一段时间的学习表现及发展规律的技术。

关于学习分析技术的研究近年来在教育教学研究领域中刚刚兴起，其核心是围绕教育领域中诸如知识传递、受教育者个性化学习、教育者日常教学等行为的数据进行抓取、归类和分析，进而对后续行为进行判断乃至预测，为教育者和管理者提供较为直观的信息以供决策参考。

（二）特点

学习分析技术是基于数据挖掘与整合分析并进行可视化展示而实现的，具有以下特点：一是科学客观，量化的数据代替了传统的目测观察，可以排除主观因素干扰，反映客观真实的科学规律；二是微观精准，该方法主要面向微观层面的教育者和受教育者个体，通过学习过程的跟踪和分析，为教育者的干预提供依据，为受教育者的适应性提供建议；三是直观高效，数据分析与统计直观可视化可以降低统计分析的准入门槛，即便没有统计分析基础和背景的教育者及受教育者也能直观地查看分析结果，对自身的教学和学习情况进行准确的判断；四是具有周期性，从学习行为中提取数据，进行分析并预测，给予修正和干预，再次提取学习行为中的数据，依次循环往复。

（三）发展趋势

学习分析技术从最初的探索和自由发展，到现在逐步演化为一个系统的、有理论支持的教育实践学科方向，逐渐从单一的教育数据挖掘扩展到和教育理论、教育心理学、工程学等多学科的交叉应用。学习分析技术未来的发展和演化趋势将围绕以下四个方面进行。

一是逐步发展为学习分析大统一，整合整个教育体系大数据，达到多个平台多种学习分析评价模式互联互通，以通用性的算法和模型，综合提供学习过程的个性化结论；二是形成学习分析标准体系，在数据抓取、学习分析引擎、可视化分析等领域形成标准和规范；三是做到以数据驱动教育教学决策，利用学习分析技术为教育者和受教育者提供精准服务，用数据驱动教育管理者、教育者等更加科学地进行教育教学相关方面的决策，驱动学习者更加高效地获取知识；四是助力我国教育信息化建设，在国家教育资源公共服务平台等国家级平台广泛应用学习分析技术，精准描摹受教育者学习成长轨迹和规律，形成受教育者学习成长的长效分析和干预机制。①

---

① 《思想理论教育》编辑部. 我国高校网络思想教育的十年发展历程:访清华大学高校德育研究中心主任张再兴教授[J]. 思想理论教育导刊,2005(12):4-8.

二、在高校网络思想政治教育机理研究中的应用场景

学习分析技术这一研究方法原先来自商业领域,因此在各类商业行为中被广泛应用。例如,线上营销平台可以通过学习分析技术挖掘消费者购买和浏览各项产品的数据并进行归类分析,结合一定的算法逻辑,将符合消费者购买偏好、购买兴趣、购买习惯和消费水平的商品精准定点推送给用户,进而对用户在该平台的消费产生积极的影响。

在大部分互联网软件应用中,学习分析技术的应用更为广泛。如社交媒体平台向用户推送兴趣、爱好和性格相匹配的其他用户的行为;视频、短视频软件根据用户浏览习惯和兴趣爱好推送同类作品;地图软件通过用户浏览、搜索地点和行程习惯推荐目的地信息、定制个性化路线等。

在教育教学活动中,学习分析技术的应用范围和使用频率也在逐步扩大。一是可以为学习者提供个性化的学习环境。教育者可直观地通过可视化分析结果,实时掌握每个受教育者的差异化学习进程,并可以有针对性地制定学习计划,通过多媒体、多形式的平台推送多元的学习资料和内容,激发受教育者学习动机和探索知识的欲望。二是提升课堂互动效果。通过建立和优化数字化课堂互动框架,精确制导,提高受教育者在课堂上进行的深度学习行为。三是学习风险预测和干预。教育者可以周期性地获取受教育者学习行为和情况的可视化反馈,对未来一段时间受教育者的学习表现进行科学预测,以便及时对学习遇到困难和问题的受教育者进行干预。

在网络思想政治教育中,也有大量可以应用学习分析技术的应用场景,有助于建立运行科学、保障有力的网络思想政治教育工作体系,提高网络思想政治教育的精准度、深度和效率,助力高校思想政治工作提质增效。

一是深度挖掘,制定宏观育人方案。深度挖掘数据并进行聚类分析研究,得出受教育者思想行为的宏观形态,结合受教育者普遍存在的实际情况及特征,制定科学的、符合青年大学生口味的网络思想政治育人方案,建立功能强大、效果突出的网络思想政治育人体系。

二是个性定制,触动微观个体情感。不同于传统"填鸭式"的灌输性教育,通过对新媒体矩阵等网络思想政治教育载体的数据分析,在微观层面上对每名受教育者的思想认知程度、思想动态及情感认同点进行精准把握,将受教育者更感兴趣的内容、更具感染力的素材定点推送给受教育者,触动其情感,增强其认同,以提升网络思想政治教育的精准度。

三是循环往复,持续改进提升纵深。利用学习分析技术周期性的特点,

在数据挖掘、分析呈现、预测趋势、干预修正、数据挖掘的不断循环中,结合已有研究结果和高校实际情况,对宏观与微观的网络思想政治教育方式和途径进行不断的改进和优化,在打造网络思想政治教育阵地的基础上进一步提升战略纵深,挖掘更多可以用于网络思想政治教育的场景,拓展网络思想政治教育的覆盖面。

第二节 文本情感分析技术

一、技术简介

(一)定义与内涵

文本情感分析,即对文本数据进行的观点挖掘,是基于情感词典或一定的算法逻辑对文本的主观色彩、情感倾向和情绪形态进行提取、处理、分析和推测,从而获取一系列有价值的信息的方法。

文本情感分析本质上是通过挖掘文本发布者使用的段落、句子、短语甚至是特殊符号,对文本中蕴含的主观色彩、情感倾向和情绪形态的量化处理,分析和推测文本发布者对某一事件或某一话题的主观看法是积极还是消极,个人情感倾向是"厌恶"还是"喜好",个人情绪形态是"悲伤""愤怒""高兴""惊讶"或是"恐惧"。结合多人发表文本评论的情感分析结果,可以研究和发现受众群体对于某一件事情或某一话题的普遍看法和态度。

(二)特点

文本情感分析可以基于人为建立的情感词典进行描述,也可以基于机器学习和深度学习对某一部分文本进行释义。前者涉及人为标注数据、引用情感词典、进行系统化处理,此类文本情感分析较为细腻和精准,提取和挖掘情感更为深层。后者有较强的信息技术支持,可用于大范围或大数据量的文本样本的情感分析,效率更高,也是未来文本情感分析技术发展的趋势。

总的来说,文本情感分析具有以下特点:一是具有层次差异性。由于文本来自每个独立个体,且通常来说文本在表达方式、篇幅等方面不设限制,有的文本表述情感单一,有的文本则表述情感多重、复杂;有的文本为篇章、语句,有的文本则为短语、网络流行词汇甚至符号代码。文本层次分级和深度差异性较大。二是具有误差性。无论是人工识别分析还是机器算法识别分析,对于部分情境下的文本情感分析的"阅读理解"结果与原发布者始终会存在一定的偏差。三是底层算法依赖度高。算法的精准度直接影响了分析效果，因此文本情感分析的核心是持续改进的算法。

（三）发展趋势

当前，学者们在研究情感分类任务的过程中更高频地融入深度学习方法，以突破基于传统机器学习的文本情感分析局限。例如，卷积神经网络能够自动执行情感特征生成阶段并学习更多一般表示，进而增强了文本情感分析在多领域的可移植性。2019 年，程艳等人基于卷积神经网络与层次化注意力网络的优点提出了一种深度学习模型"C-HAN"，先用并行化卷积层学习词向量间的联系与组合形式，再将其结果输入到基本单元为双向循环神经网络的层次化注意力网络中判定情感倾向。[①] 此外，循环神经网络可以通过引入记忆单元使网络具有一定的记忆能力。结合卷积神经网络与循环神经网络等深度学习方法的优势，可以通过更深层次地描述文本情感特征，达到更为精准的分析目的。

二、在高校网络思想政治教育机理研究中的应用场景

文本情感分析被广泛应用于互联网各平台和产品当中，通过识别客户留言、发表的评论等信息，对用户的情绪进行分析，真实地反映用户对于产品或消费的体验，快速准确地掌握用户的实际需求。部分企业也会通过文本情感分析技术了解企业声誉状况，进而采取措施提升品牌形象，促进业务增长。部分文学和艺术作品的评论信息中也隐藏着大众对于作品的情感数据，值得挖掘并分析。此外，社交媒体每日产生的大量的文本信息，其中也蕴含着海量的具有重要价值的数据内容。部分学者已引入文本情感分析技术对高校受教育者线上课程评教结果进行有参考价值的研究。

在高校网络思想政治教育工作中，文本情感分析技术可应用场景主要围绕以下三个方面。

一是修正网络思想政治教育宏观方向和微观方面。文本情感分析可以通过获取社交媒体、网络平台、课程评价系统中的文本数据，科学高效地分析受教育者学习和网络生活的情绪现状，实时掌握受教育者思想动态，挖掘其潜在需求。在宏观方面，可以帮助高校在新时代背景下掌握宏观网络思想政治大方向，创新网络思想政治教育方式方法，减少本校受教育者对于思想政治教育的"心理阻抗"，提升"传播覆盖率"和"信息抵达率"，从而实现高

---

① 程艳,叶子铭,王明文,等.融合卷积神经网络与层次化注意力网络的中文文本情感倾向性分析[J].中文信息学报,2019,33(1):133-142.

校思想政治教育的供给侧改革。在微观方面，也可以精细化地描述每名受教育者的思想动态和个人情绪发展规律，通过不断地调整个性化网络思想政治方案，树立该受教育者正确的人生观、价值观。

二是网络心理危机预警。当前，高校受教育者由于心理危机等原因引发的恶性事件呈上升趋势，引导受教育者全面健康发展是高校网络思想政治教育的重要工作任务之一。通过文本情绪分析技术，可以实时掌握受教育者在社交媒体、线上课程平台等学习生活环境中的真实情绪，对于存在危机的文本表达进行深度剖析并出具初步的分级情绪意见，同时以一定的运行机制及时向教育者等进行预警，有助于加强受教育者的心理健康"防火墙"。

三是进行网络舆情监控。当前网络舆情监控模式普遍采用互联网爬虫技术抓取带有关键词的舆情信息，再进行人工或算法识别，存在识别数据量大、精准度较差、需要人为干预比率高等不足。使用文本情感分析技术可以更加精准地挖掘各类事件（如突发事件、群体事件、公共安全事件等）中受教育者的普遍情感倾向及高频出现的观点，有助于分析受教育者面对舆情事件的情感趋势，进而对其精准疏导。

第三节 眼动追踪技术

一、技术简介

（一）定义与内涵

眼动追踪技术，又称视线追踪技术，是利用光学、电子等技术手段实时、客观、准确地记录被试者当前的视线方向或视线落点位置的技术。[1]

视觉系统是人获知外界信息的重要感官系统之一，是人与外界环境产生联系的重要过程，其运作原理是通过视觉神经将视觉系统捕捉或感知到的复杂外界信息传输至大脑。人根据大脑意愿可以有选择地与外界信息交互。眼球运动具有目的性，目标刺激物出现时眼球做出自发反应达到获取清晰视觉成像的目的，进而完成大脑与外界的交互作用。眼球运动主要有三种形式：注视、平滑追踪及扫视。[2] 观察静止物体时将目标刺激物的视觉映像固定在中心凹的过程称为注视。在观察物体时，眼球以注视点为中心做微小的运动

---

[1] 杨东杰,张岩,郑伟博. 眼动追踪技术在高校课堂教学中的应用研究[J]. 现代教育技术,2020,30(2):91-96.

[2] 顾欣祖,林祺,练苹,等. 54 例正常人眼球运动的特点[J]. 中华眼底病杂志,2005(1):48-49.

包括微漂移、微扫视和微颤动。此外，眼球运动还有眼球震颤、前庭眼动反射、辐辏运动等。眼动追踪技术实质上就是对这一系列的眼球运动的研究和分析。[①]

（二）特点

眼动追踪技术具有以下特点：一是客观精准。眼球运动与注视位置与大脑的神经联系是客观对应的，因此通过对受试者眼球运动的追踪与分析，有助于将感官运动与神经和认知联系起来，眼球运动往往是视觉的应激反应，不受人为的主观意志控制，因此眼动追踪结果可以客观真实地反映出人的认知过程和注意力分配过程。二是实时性。眼球运动的频率较高，对其数据的采集频率也较高，高敏感时间频率下的眼动追踪可以实时地监控人的认知状态和注意力分配情况。三是测试包容度高。由于眼动追踪技术测取的数据均为人在非自主意识控制下的感官反映数据，因此可以尽可能地排除因受试者不配合等因素造成的实验干扰，真实地测取准确的生理反应数据。

（三）发展趋势

2014年，刁永锋等人通过眼动实验采集网络学习者的学习行为数据，测验其学习结果，分析所得实验数据，利用信息加工理论和认知负荷理论，分析不同媒体构成的网络课程学习者的学习行为特点，比较不同媒体对学习者学习行为和学习结果的影响，为网络课程的设计开发和网络教学设计提供参考，为远程学习者的在线学习提供建议。2016年，Luo等人采用眼动追踪技术，通过对注视时长、注视次数和扫视轨迹等眼动数据的收集和分析，识别了被测试者的注意力转移过程，阐述了对在线课程学习过程中的眼动数据分析研究有利于增强学习者对学习内容的回忆，进而辅助提高学习效果。[②] 2018年，Catrysse等人采取眼动追踪技术精准测量了不同学习者样本的学习策略差异[③]。2019年，华东师范大学薛耀锋等人在分析认知负荷与眼动追踪技术的基础上，结合注视时间、注视点个数、瞳孔直径等三项眼动指标，构建了基于眼动追踪技术的在线学习认知负荷量化模型并验证了模型的

[①] 尤佳璐,惠延年,张乐. 眼球运动及眼动追踪技术的临床应用进展[J]. 国际眼科杂志,2023, 23(1):90-95.

[②] 刁永锋,刘明春,杨海茹. 网络视频公开课程学习行为眼动实验研究[J]. 现代教育技术, 2014,24(11):81-87.

[③] Catrysse, Leen, Gijbels, et al. How are learning strategies reflected in the eyes? Combining results from self-reports and eye-tracking[J]. British journal of educational psychology, 2018.

准确性和可行性，为生理指标测试工具应用于在线学习提供有价值的理论参考[①]。2021年，Madsen等人通过眼动分析技术评估被测者对线上课程的关注程度，并预测其学习表现[②]。

眼动追踪技术的科学性和准确性已经被大量的学者通过实验验证，在网络思想政治教育理论研究和实践应用中都具有十分强大的潜力。

二、在高校网络思想政治教育机理研究中的应用场景

眼动追踪技术在心理学（尤其是心理语言学、视觉世界范式）、认知科学、人机交互、人为因素和人体工程学、医学（尤其是神经医学）、计算机科学、工程学与技术等领域均有广泛的应用。例如，在人机交互领域，利用视线追踪技术，用户可以通过视线扫视和盯视完成人机交互过程，使得人机交互变得更便捷；在交通出行领域，通过眼动追踪技术来准确定位驾驶员的目光，分析眼动数据，能够判断驾驶员的精神状态和疲劳状态进而做出警示，可以有效地减少交通事故的发生；在医疗卫生领域，医生可以借助对人视线特征的检测，更迅速、准确的诊断认知疾病障碍；在人因分析领域，设计公司可以根据眼动数据获取用户感兴趣的信息，使产品更具吸引力。

在教育领域中，眼动追踪技术主要用于研究受教育者的阅读方式和过程、多媒体数字教学等方面。这些理论与实践研究源于对受教育者在学习活动中的注意力分配等的数据分析。近年来，在线教育的兴起令学习过程产生巨大变革。眼动追踪技术的研究与实践有助于提高在线教育知识传递效率，发掘受教育者学习兴趣，提升受教育者的学习效果。

在网络思想政治教育中，眼动追踪技术的应用仍处于起步阶段，但由于其客观精准、实时性、包容度高等优势，眼动追踪技术在网络思想政治教育工作中的潜在价值也十分巨大，值得思想政治教育者挖掘创新。根据眼动追踪技术的特点，其应用在网络思想政治教育工作中的主要场景主要围绕以下两个方面。

一是探寻网络思想政治教育中受众——受教育者的注意力分配规律。在网络思想政治教育过程中，利用眼动仪等仪器采集各项眼动数据，追踪获取

---

① 薛耀锋,李卓玮.基于眼动追踪技术的在线学习认知负荷量化模型研究[J].现代教育技术,2019,29(7):59-65.

② Madsen J, Julio S U, Gucik P J, et al. Synchronized eye movements predict test scores in online video education[J]. Proceedings of the National Academy of Sciences, 2021, 118(5).

受教育者的眼动信息，通过一定的算法处理数据并得到个体的注意力分配数据，包括注意力时长、观察频率等，进而客观科学地对网络思想政治教育活动中受教育者普遍关注的信息进行标注，进而对网络思想政治教育环节和时长进行调整和优化。

二是探寻网络思想政治教育过程中的个性化关注重点。每名受教育者在同一网络思想政治教育活动中关注的重点都存在差异，眼动追踪技术可以客观地分析呈现内容、呈现方式、颜色布局等因素对受教育者的影响，通过关注热点图及兴趣区域探究受教育者注意机制及信息加工的生理学规律，进而探寻网络思想政治教育活动中受教育者个体个性化的学习兴趣。

第四节 认知神经技术

一、技术简介

（一）定义与内涵

认知神经科学是一门集合认知科学、心理学等诸多学科的跨学科研究领域，通过监测生物大脑的生理变化机制来揭示其心理活动的自然科学门类。认知神经技术是基于认知神经科学理论知识，利用脑科学成像、神经元电信号处理等技术探索心智和大脑之间关系的前沿科学技术。

认知神经科学的本质是探讨生物心智活动的生理机理，旨在解释生物大脑如何调用各层次上的组件，包括分子、细胞、脑组织区和全脑去实现各种认知活动。其包含了认知科学、心理学、计算机科学、神经科学等知识领域，主要研究生物认知功能的脑机制、训练与脑的可塑性等。

（二）特点

认知神经技术是一门刚刚起步并快速发展的跨学科领域技术，可以很好地应用于教育学当中，辅助挖掘教育规律。其具有以下三个典型的特点。

一是相互作用性。在教育教学的环境中，认知神经技术可以帮助研究者探寻受教育者心理运动和生理运动之间的联系和规律。受教育者的心脑往往是交互作用、互相影响的，生理运动和心理运动之间彼此互相促进又互相依存。二是动态复杂性。学习活动是动态变化且长期波动的复杂过程，因此在教育教学环境下的认知神经技术研究也应选取连续的、周期性或定期的时间频次，综合地进行客观科学的分析。三是网络联动性。认知神经技术可以探寻学习活动中知识信息之间的神经回路共振规律，探索学习过程的同时研究知识是如何成体系的,又是如何在生理行为中客观体现的。

(三) 发展趋势

认知神经科学也逐渐被引入到多个学科领域,形成了一些新兴的交叉学科,如经济神经学、工程神经学、语言神经学、伦理神经学等。认知神经科学与教育学的融合产生了教育神经学,也被称为"神经教育学""心、脑与教育"。[①]

进入21世纪以来,我国的高校和科研院所更是纷纷建立相关机构,如北京大学组建了脑科学与认知科学研究中心、北京师范大学相继成立了"认知科学与学习"教育部重点实验室和"脑与认知科学"教育部网上合作研究中心,还有中国科学院生物物理所在原先认知科学开放实验室和视觉信息加工实验室的基础上成立了脑与认知研究中心等。2005年,国家相关部门批准建立了"脑与认知科学"和"认知神经科学与学习"2个国家重点实验室,它们汇聚了国内很多研究者,主持了近百项科研项目,产出了许多高质量的研究成果,成为国内认知神经科学研究的中流砥柱,这些都标志着我国在认知神经科学的研究布局上迈向了一个新台阶。

二、在高校网络思想政治教育机理研究中的应用场景

认知神经科学主要从时间和空间两个维度对大脑认知加工进行测量。事件相关电位(EPRs)和功能性磁共振成像(fMRI)分别提供了时间和空间维度测量的技术手段。认知神经技术在经济学、工程学、伦理学、语言学、教育学等诸多领域均有应用,本书主要探讨其在教育学和网络思想政治教育中的应用思维和场景。

心理活动与思维过程在教育科学研究中具有重要地位,是揭示人类学习过程的根本,只有明晰"人是如何学习的",才能对学习者进行更好地培养与干预。[②] 然而,关于教育底层规律的探索,相关的心理机制与思维表征因其隐性、难以准确观测的特点,研究多以理性讨论为主,鲜有从教育主体本身出发,用科学的方法来观测和收集数据。认知神经科学的快速发展对于教育基础规律的深入探索提供了更多可能。利用认知神经科学的方法与手段,可以为经典的教育理论提供辅助证据,从脑认知机制的角度解释和验证行为

[①] 张明,董波,陈艾睿.教育神经学:心、脑与教育整合[J].苏州大学学报(教育科学版),2018,6(4):24-32.

[②] 郑永和,王杨春晓,王一岩.智能时代的教育科学研究:内涵、逻辑框架与实践进路[J].中国远程教育,2021(6):1-10+17+76.

数据，加强研究的科学性和可解释度；也可以对教育现象与教育问题进行脑认知机制诠释，通过对人脑的了解更好地提升教育质量和教学效果；还可以对教学过程与教学效果进行神经－心理－行为评估，验证外在表征与内在状态的一致性，提高评估结果的可靠性和预测效果的准确性。搭建教育、认知科学与神经科学之间的研究桥梁，深入探索教育基础规律已是大势所趋。

在认知神经层面，已经有大量研究聚焦探索学习的规律和学科教与学的特异性规律的脑认知机制及其联系，解析教与学过程中师生互动、生生互动、人机互动的脑认知机制，研究特定教育情境下教学媒介与学的调控因素（注意、情绪、动机、睡眠、执行功能、元认知策略、家庭教育、社会教育、学校教育以及因素间的交互作用）对教学人际互动影响的脑认知机制，以及教育者教育与专业发展的脑认知机制等。而在智能技术蓬勃发展的今天，学习内容、学习环境和教学方式均发生了巨大改变，"技术"视角下的教与学的规律探索为教育科学基础研究增添了活力，如探索智能教学环境下的多智能体混合增强的机理研究，人机互动支持教学的一般和特殊规律研究，计算环境下的协作学习发生机制研究，STEAM教育、翻转课堂、项目式学习以及在线协作学习的学习发生机理研究等，为更好地发展智能时代"如何学习最有效，如何教授最有效"的相关研究提供了科学的基础支撑。

网络思想政治教育研究可以通过有目的的影响、锻炼，培育受教育者的脑活动，有效增强思想政治教育的科学性和实效性，实现思想政治教育的目的。网络思想政治教育的效果可以通过脑电设备测量人脑特定区域的生理变化来获得准确而科学的数据支持。[①] 具体应用场景可分为以下三个方面。

一是辅助监测学习效果。借助认知神经技术，可以探寻受教育者在进行网络思想政治教育学习过程中的相关机制，例如受教育者是如何感知信息，对哪些信息或方式是排斥的，对于相关知识的学习和知识网络的构建规律如何，以及在学习中的自控能力等，全面地对受教育者的学习进行监测分析和评估预测。

二是发掘受教育者兴趣。在高校网络思想政治教育中，把握受教育者的

---

① 屈陆,戴钢书.认知神经科学与思想政治教育研究方法的创新[J].学术论坛,2016,39(8)：173-176.

兴趣点至关重要，这对网络思想政治教育是否能够真正"入脑""入心"起着决定性的作用。通过认知神经技术，将受教育者感兴趣时的相关脑数据记录下来，同时分析其发展规律，可以科学、精准地绘出受教育者的兴趣甜点区，提升思想政治教育的实效性。

三是提出网络思想政治教育的优化建议。从认知神经科学的视角出发，在研究青年受教育者在网络思想政治教育中的学习表现和思维运行模式后，对网络思想政治教育相关教学内容和学习方式提出一些有针对性的优化策略，从而保证网络思想政治教育的高质量、高效率。

第五节　多模态技术

一、技术简介

（一）定义与内涵

当前，学术界对"模态"的概念还没有形成统一的观点。通常来说，模态是指事物的一种表现形式，是对事物某个特定角度的描述。多模态通常指包含两个或者两个以上的模态形式，从多个视角出发对事物进行描述。多模态技术指在一定研究领域内，结合特定模式下的多种状态采集数据并进行融合的技术，可以令认证和识别过程更加精准、安全。

多模态技术的本质为多种异构模态数据协同推理。例如，在生物识别领域可通过多种采集方式合而为一的采集器，采集不同的生物特征（如指纹、指静脉、人脸、虹膜图像等），通过分析、判断多种生物识别方式的特征值进行识别和认证。在人工智能领域中，多模态技术通过协同感知信息（如图像、文本、语音等），帮人工智能更准确地理解外部世界。常见的基于图像和文本模态的多模态任务有：图像的自然语言描述、视觉定位、视觉问答、跨模态检索等。

（二）特点

多模态技术具有以下三个特点。一是体验感强。依托多模态技术的教育教学模式可以为受教育者学习活动提供更多更全面的感官刺激、丰富的信息资源和创新的过程模式。二是信息互补性。基于多模态技术的教育教学研究可以综合多维度的数据信息，融合并进行信息优势互补，对目标对象的描述和行为预测更加科学。三是准确率高。集合多种模态的数据融合分析可以显著地提高交互信息的分析性能，得出的结论和预测的结果较单一信息或模态下的分析结果来说更加精准。

(三) 发展趋势

2016年,李军胜发表思想政治课教学的多模态语篇分析相关论文,提出:"可以改善思想政治课教学的多模态课件以及建立多模态的信息共享平台,从而提高教学内容的实用性。"[1] 此后,众多学者在课堂中开展了一系列多模态数据交互行为研究,如师生、生生之间的语言、肢体等交互行为的研究,甚至有学者通过体育教学中的身体互动数据来探究受教育者的课堂互动特征与模式。随着在线会议系统、网络平台、虚拟现实等技术在课堂中的应用,多模态数据的收集扩展至远程学习领域,如利用 Moodle、Skype、桌面视频会议和三维软件等工具开展的在线学习研究,开始注重收集手势、目光接触、语言交流、脸部头像和平台记录(如学习日志)等模态数据。[2] 2020年,翟雪松发现多模态数据中的生理数据主要用于支持监测情绪与控制、探究认知与控制、监测与改善健康三个方面,并探明了心率、呼吸、皮温、皮电等模态数据指标表征的意义[3]。2021年,穆肃发现用于学习分析的多模态数据有生理特征、心理测量、环境场景等五种,分析指标有行为、注意、投入等十余种,数据整合方式有"多对一""多对多""三角互证"三种。他们对多模态数据应用于教育研究的价值进行了挖掘,并对融合分析与解释等发展瓶颈进行了探索。[4]

二、在高校网络思想政治教育机理研究中的应用场景

多模态技术通过对图像、视频等多模态数据进行分析,学习并互补不同模态间的信息,实现图像检测识别、语义分割和视频动作预测等任务,目前已广泛应用于自动驾驶、农业监测、生物医疗、交通管理和灾难预测等领域。如在医学领域,医学影像作为医疗诊断的重要依据,相较于单角度描述病灶特征的图像,多模态医疗影像能有效地辅助医生从多个层面联合判断病灶及其周边部分,加快诊断时间;在遥感领域,单传感器依据设备特点从某

---

[1] 李军胜.多模态语篇分析理论下的思想政治课教学[J].中学政治教学参考,2016(24):54-55.

[2] 彭红超,姜雨晴.多模态数据支持的教育科学研究发展脉络与挑战[J].中国远程教育,2022(9):19-26+33+78.

[3] 翟雪松,束永红,楚肖燕,等.轻量级生理反馈技术的教育应用及测量:基于2015—2020年的文献综述[J].开放教育研究,2020,26(6):37-46.

[4] 穆肃,崔萌,黄晓地.全景透视多模态学习分析的数据整合方法[J].现代远程教育研究,2021,33(1):26-37+48.

种固定的角度描述地理目标，独立分析时会受到成像原理限制，而对不同成像方式、不同传感器获取到的多模态遥感影像进行分析，可以有效地提取地物目标的综合信息。

在多模态视域下的网络思想政治教育，可以塑造思想政治教育的隐形浸润式效应，通过多元性与多样化的思想政治元素来让受教育者充分理解感受其传递的思想与价值观，构建出以德育为标准，符合受教育者自身认知规律的思想政治教学体系。① 多模态技术作为一种充分发挥多种符号资源和感官系统的交叉影响、并在人机互动过程中产生意义构建的教学视域，其在改进了单一语言符号的传统思想政治教学方式的基础上，利用现代技术条件，帮助思想政治课堂提供了具备多元性、共享力、强吸引的传播话语意义的表达范式，构建全方位育人，构筑教育格局，并促进基础课程、专业课程与思想政治课程形成同向迈进的协同效应。借助多模态技术来探索新时代受教育者思想政治教育，可以有效地把握当前时代发展的规律与受教育者们思想政治教育的现状，从而建立一个更为行之有效的思想政治教育路径。

在互联网和新媒体技术大力发展的背景下，多模态技术在高校网络思想政治教育中的应用场景可有以下三个方面。

一是创新思想政治课程的呈现形式，强化网络思想政治教育成效。在建设高校思想政治课程时，把互联网多模态的媒体表达形式与教学内容深入结合，将思想政治教学环节中的各要素加以有机串联，以此来合力架构具备德育与美育共同提升的教学效果的话语方式。

二是探索网络思想政治教育中受教育者兴趣的"甜点区"。在网络思想政治教育中对文本、音频、视频等多模态数据进行聚合分析，可以综合分析预测受教育者在网络思想政治教育中的兴趣"甜点区"，探寻受教育者认可度和接收程度最高的方式方法，对网络思想政治教育体系建设提供帮助。

三是辅助完成网络思想政治教育的评价环节。高校网络思想政治教育不光要聚焦知识和引领力的输出环节，也要注重结合受教育者学习情况和评价等反馈。多模态技术有助于教育者更加全面系统地梳理网络思想政治教育各环节中存在的相关问题，并及时做出合理调节和优化，由此提高思想政治教育的"育人"效能。

---

① 邹有峰.多模态视域下思政课程改革思考:评《新时代大学生思想政治教育研究与探索》[J].中国高校科技,2021(8):103.

第六节 学业情绪分析技术

一、技术简介

（一）定义与内涵

学业情绪分析技术是指在教学活动中，从文本、表情、言语等信息中获取受教育者对课程内容及教学方式的观点、情感、评价、态度的计算任务，进而分析受教育者对学科或课程学习热情及评价的综合分析方法。

学业情绪分析技术的本质是深度挖掘学习者在学习行为中的体验数据，并进行综合分析的一种技术手段。情绪是人对客观事物的态度，是一种主观的情感表现，如喜爱、讨厌、开心、伤心、恐惧、哀伤等。情绪越强烈，这种主观的情感表现越强。

（二）特点

学业情绪分析技术具有以下三个特点。一是科学精准。学业情绪分析技术抓取的个人情绪参数与个人学习表现、学习成绩和效果高度相关，且均为微观的个性化的评价体系，得到的分析结果可以差异化指导不同的受教育者调整学习计划，优化学习行为。二是时效性强。情绪往往是一个人瞬时的情感表现，对情绪数据进行抓取和分析可以实时反映学习者当下的学习情感状况。三是挖掘深入。结合心理学相关理论与知识和个人情绪的外在表现的综合分析，可以深度挖掘学习者的学习动力、兴趣等内在因素，并对未来学习成就预测有一定的参考价值。

（三）发展趋势

2011年，《当代教育心理学》杂志开设了"受教育者的情绪与学习参与"专栏，这标志着有关学业情绪的研究进入了一个蓬勃发展的加速期。我国著名心理学家俞国良等人也在《教学研究》期刊发表论文，将学业情绪定义为在教学或学习过程中，与受教育者学业活动相关的各种情绪体验，包括在课堂学习活动中和完成作业过程中以及考试期间的情绪体验。俞国良等人认为，学业情绪涉及的范围并不局限于学习成绩这一结果，也应该包含教学和学习过程之中与受教育者学业相关联的各种情绪体验，包括高兴、厌倦、失望、焦虑、气愤等。也就是说，学业情绪不仅包括受教育者在获悉学业成功或失败后体验到的各种情绪，还包括受教育者在课堂学习中、在日常做作业过程中，以及在考试期间的情绪体验等。学业情绪与成就动机、归因、自我效能感有着密切的联系，良好的学业情绪不仅有助于受教育者认知活动的开展和主动学习态度的培养，而且有助于建立良好的师生关系，促进受教育者身心健康发展。在教育教学中应加强对受教育者学业情绪的管理，并展开相关的研究。俞国良等人研究发现我国青少年的学业情绪有 13 种，并研制了一套信度、效度均较高的《青少年学业情绪问卷》。俞国良等人认为，我国高中受教育者的消极情绪显著高于初中受教育者，女生比男生更易受学业情绪的影响这一点有别于国外有关学业情绪认为的"学业情绪的发展变化主要出现于青少年的早期"这一研究结论。学业情绪的相关研究存在一定的地区文化差异。①

二、在高校网络思想政治教育机理研究中的应用场景

在情绪分析应用领域中，已经建立了多个广泛使用的情绪分析语料库，如英文影评数据集，包括正向和负向情绪句子各 5331 条；Mohammad 等构建的英文 Tweet 情绪语料库有 2 万多条，包括喜悦、害怕、恶心、伤心、愤怒和惊讶等情绪，在中文领域标注的酒店评论语料库也达到了 1 万条。可见，情绪分析技术在电影口碑分析、商业评价分析、社交媒体评论分析等方面均有应用。

国内外对文本情绪分析系统的设计与开发主要集中于情绪分析的维度与可视化。在情绪分析的维度上，多数文本情绪分析系统集中三个维度，即积极、中立和消极情绪。在情绪可视化的方式上，多数文本情绪分析系统的设计都基于情绪统计数据展示，如以折线图展示情绪随时间变化的趋势，从而有助于人们更好地理解某个事件的演变过程。因此，将文本情绪系统应用于教育领域，需要更多的关注情绪分类的维度与情绪可视化的方向上，需要融合学业情绪的分类维度，在可视化上更加直观的体现受教育者的学业情绪。

网络思想政治教育中针对受教育者的数据有受教育者出勤情况、课堂中受教育者的所有举手、抢答、讨论、作业、头脑风暴、问卷投票、小组讨论等课堂学习活动。针对思想政治工作者的数据有教学活动设计、教学内容、教育者对受教育者的即时性反馈评价（点赞、评分、评价等）、教学反思等。同时，通过受教育者观看的次数和频率可以反映出相关内容中有没有优选受教育者心动的内容。通过以三层多维的网络思想政治教育模型为依托，使海

---

① 俞国良,董妍. 学业情绪研究及其对学生发展的意义[J]. 教育研究,2005(10):39-43.

量的思想政治教育过程中数据的采集、存储成为现实，将无形的思想政治教育转化成有形的数据，将无形的学习过程变成有形的课堂，从思想政治教育者的教育工作经验转向海量数据的分析，依据数据分析结果，对受教育者的学习行为进行判断和改进教育决策。

由于学业情绪分析技术的研究分析模式具有科学精准、时效性强、挖掘深入的特点，在高校网络思想政治教育相关活动中可以引入该技术，在以下三个场景进行应用。

一是把握青年成长成才规律，回应受教育者对现实问题的思考。为了令思想政治教育达到深入人心的效果，必须充分对网络思想政治教育各项活动中受教育者的情绪进行了解和把握，并进行科学客观的分析，事无巨细地为开展育人工作提供前提，确保网络思想政治教育活动良性开展的健康生态。

二是优化高校思想政治课程的教学模式，提升思想政治课课堂的教学质量。通过课堂学习过程中受教育者的反馈结果、在线网络教学平台上的师生个性化沟通数据等，分析受教育者对于思想政治课课堂的接受程度与兴趣点，同时全面地评估、记录受教育者对思想政治课程的掌握情况以及教育者的教学情况，对负面情绪较大的教学环节进行分析和优化，切实提高思想政治课的教学效果。

三是营造本域网络思想政治育人文化，赋予青年受教育者以时代使命。广泛宣传历史人物、时代楷模、杰出校友等正面人物事迹，加强社会主义核心价值观氛围烘托，结合本校本院特点，打造特色鲜明且积极向上的精神文化氛围，为受教育者树立正确积极的人生观、价值观打下良好基础，同时通过情绪分析抓取本域学子的精神共鸣点，将思想政治教育做到受教育者心坎上，在共同的价值引领和驱动下，激发青年受教育者为党奋斗，为国拼搏的时代使命情怀。

第七节　智能语音技术

一、技术简介

（一）定义与内涵

智能语音技术也称智能语音人机交互技术，是指通过收集、识别和学习理解人类语音中的语言信息，进而转换为文本信息或具体指令的技术，同时一部分文本信息和知识也可以通过电脑处理合成表达流畅、语义清晰的语音形式，完成文语转换。其具有代表性的分支技术包括语音识别技术（ASR）和语音合成技术（TTS）。

智能语音技术是人工智能技术的核心技术之一，其本质是以语音作为主要的信息载体实现人类与机器之间拟人化的信息自然交互。人和机器既是同为语音信息的发布方，也是同为语音信息的接收方，借助一定的自然语言处理技术、识别技术、机器学习技术、情感分析技术、文语转换逻辑等，赋予机器"听""说""学习""理解"等仿真的拟人化能力。

（二）特点

智能语音技术具有以下特点：一是具备社交属性。类似语音助手等一系列的应用，不仅具备了各项既定功能，还具有一定程度上的社交属性，可以通过拟人化的处理完成人机之间的模拟社交互动，实现具有情感属性的沟通，满足使用者的社交需求，甚至可以消除使用者的部分孤独感。二是高度智能化。目前成熟的产业化模式促使智能语音技术应用场景极大地被拓宽，大部分应用设计的核心思想也都是围绕智能化发展来进行的，往往一个语音指令就可以代替传统复杂烦琐的操作过程，可以在多个场景进行应用以提高效率。三是具有主体能动性。智能语音技术支持下的各项产品和服务可以为使用者带来充分个性化的使用体验，指令的发出、接收、处理和响应都是完全围绕使用者的习惯来打造并进行衍生，使用者的优先决策权和体验感得以保证。

（三）发展趋势

2021年，中国智能语音产业发展高峰论坛暨中国语音产业联盟在北京举办年会，参会的政产学研各界代表围绕智能语音产业热点，研究语音技术发展脉络，探讨语音产业未来方向，共谋产业生态，助力人工智能与实体经济深度融合发展。当前，我国智能语音市场规模持续稳定增长，产业进入规模化深耕期。受疫情影响及产业数字化需求拉动，我国智能语音市场规模持续稳定增长。我国智能语音企业持续推进"平台＋赛道"发展模式，另一方面通过开放平台为开发者提供场景创新的技术支持，一方面凭借自身优势持续拓展智慧教育、医疗、城市、车载、家居等赛道，构建产业生态圈。人类正在进入"人机物"万物智能互联时代，语音将成为最重要的人机交互方式。

我国政府在智能语音技术研发及产业化方面提供了大力度的政策支持，为语音产业发展创造了良好的发展环境。语音技术提供商也在不断地优化产品性能，进一步深化智能语音在车载信息服务系统、智能家居等领域的应用。此外，5G 网络的普及、大数据和云计算的发展，也为智能语音应用提供了强有力的保障。我国智能语音产业迎来了爆发式的发展。①

二、在高校网络思想政治教育机理研究中的应用场景

当前，商业领域对于智能语音技术的应用已经十分成熟和广泛，在智能家居、智能客服、智能金融等场景均有应用。以智能语音助手为例，用户可以通过与智能语音助手的自然语言交互完成线上交易和服务预订，智能语音助手也可以通过其系统对用户的需求进行识别和智能化处理，通过个性化检索和筛选，为用户提供更加高效、优质和个性化的服务。在日常生活中，智能语音技术也被广泛应用于购物体验、智慧车载、智慧就医和智能家居控制等方面。此外，智能语音技术的应用还遍及电信、交通、政府和企业等众多行业领域。

作为一种日趋成熟的新型信息技术，智能语音技术在教育教学领域也得到大量的应用。智能语音技术所具备的语音识别、语音合成、语音评测三大功能在教育教学中发挥各自功能优势，在一定程度上提高了课堂教学效率。在教学过程中，尤其是作为语言类学习课程，智能语音识别技术不仅可以辅助教育者进行教学，还可作为测评工具，比如支持学习内容标准带读，受教育者可针对中文或英文进行发音练习和评估。它在一定程度上减轻了教育者的教学负担，同时受教育者也可及时获得发音是否标准的反馈和修正建议，因此大大提高了评估的科学性以及教学的效率。

在高校网络思想政治教育方面，智能语音技术也被广泛地应用，具体包括以下三个应用场景。

一是辅助网络思想政治课教学。在网络思想政治课教学中，可以将智能语音技术应用于文本、音频、视频等非结构化数据，通过假设生成，透过数据揭示洞察、模式和关系，将散落在各处的网络思想政治知识片段连接起来，进行推理、分析、对比、归纳、总结和论证。通过人机交互完成信息传递，并把相关的网络思想政治课程知识和原理，用受教育者所能真正理解、领悟的语言进行教学讲授，令网络思想政治课程更加系统、全面、高效，不仅仅推演和阐释概念，也对受教育者的思想和认知带来引领力。

二是实现一体化智慧网络思想政治教育模式。利用智能语音技术可以开发一系列的系统应用，用于辅助受教育者完成在校的日常学习和生活，解答

---

① 蔡自兴. 中国人工智能 40 年[J]. 科技导报,2016,34(15):12-32.

学业学习问题（如基础课程学习、专业课程学习、课外知识拓展等）、日常生活问题（如办事流程、就医体检、资助援助、勤工助学、图书借阅等）、生涯规划问题（如评奖评优、升学深造、求职就业）等各类方面的具体问题。该系统可以从受教育者入学开始就全程跟踪辅助，记录受教育者成长和发展轨迹及各个阶段集中的问题导向并予以解答，同时输出社会主义核心价值观，达到"立德树人"目标，以一体化模式实现全过程网络思想政治育人。

　　三是社交压力释放和心理咨询。因智能语音技术的日渐拟人化特征，其社交属性也是愈发凸显。当下青年受教育者出现心理问题的现象逐渐增多，使用智能语音技术开发相关的人机交流沟通应用，可以有效地缓解和释放青年受教育者日渐凸显的社交压力，同时植入相关的心理咨询知识可以起到一定程度上的心理危机预防与干预的作用。

第四章 高校网络思想政治教育机理研究的载体——云平台

云平台，简而言之就是基于互联网技术的计算服务模型，允许思想政治教育的主体和客体在云端（即互联网）存储、管理和处理数据和应用程序的平台。云平台为网络思想政治教育提供了一个虚拟化的环境，是开展高校网络思想政治教育的一项基础条件。本章主要阐释高校网络思想政治教育云平台的选择、构建以及系统设计过程，结合目前最新的技术发展趋势，预测高校网络思想政治教育的未来发展方向。

第一节 高校网络思想政治教育云平台的构建

一、高校网络思想政治教育云平台的可行性

云平台可以在不需要本地计算机资源的情况下运行应用程序和存储数据，同时允许用户在任何时间、任何地点、任何终端访问数据和应用程序，并仅在需要时扩展资源，对用户造成较小影响。目前在高校构建云平台有着很多先天的优势。

（一）教育对象对网络的适应性

当今受教育者已经步入"00后"的时代，这部分青年人是伴随着中国互联网发展一同成长的，不同于"80后""90后"，"00后"是所谓的"互联网原住民"，他们对互联网的使用和内涵有着更加深刻的理解，互联网的使用也和现实生活融合得更加深入，他们能够更好地适应云平台的使用。

（二）教育者对网络的适应性

教育者的教学也和网络联系日渐紧密，线上教学和多媒体教学资源已不再是新鲜事物，基于网络的信息化、思想政治教育技术已成为广大思想政治教育者的迫切需求。

(三)技术可行性

目前绝大部分高校已建设成熟的局域网络以及独立的服务器等设施,网络带宽、数据存储空间、服务器算力等都能够满足日常科研、教学和管理需求,加之当下云计算技术、5G 的蓬勃发展,接下来支持云平台运行的算力和带宽会更加强有力。

(四)数据安全可行性

为保障大学师生的个人信息安全,以及科研机密信息的安全,高校大多建有独立的服务器,并有专门的信息管理部门进行服务器和防火墙的维护,确保数据安全措施能够保护受教育者、教育者和管理人员的数据隐私。

(五)教育资源丰富性

经过多年发展,高校网络思想政治教育资源积累丰富,高校网络思想政治教育者也在不断地对网络思想政治进行研究和探索,除了形式丰富的教学资源,还有各种适应网络时代的先进思想政治教育手段,都可以添加在云平台的教育资源当中。云平台的建设必须适应网络的开放性和发展性,发挥高校"三全育人"路径优势,寻找新的更具建设性的教育模式,有效地解决更多现实问题,并且形成良性循环体系,促进个人成长的同时也促进全社会的发展。

二、高校网络思想政治教育云平台的功能模块

成熟的云平台具有操作的简便性、资源的丰富性、功能的适用性等特质。不同于娱乐平台,由于娱乐内容的吸引力,即便操作相对复杂人们也乐于接收和学习,网络思想政治教育云平台如果过于复杂,则会加大师生投入其中的时间成本,从而降低云平台的使用率。云平台需要有丰富的资源,教育者和受教育者可以不借助其他检索平台来获取教学资源,杂乱无章、规范性差的平台资源会给受教育者的学习带来不便,会降低受教育者在平台上的留存率。云平台还需要有适合当今受教育者特点的相应功能,能够契合实际解决思想政治教育中的实际问题。云平台的功能模块需要能够支持基本的受教育者信息检索和组织管理、受教育者个性化培养的机理分析、适应新型教育模式的在线教学系统、能够支持多种教学资源的使用、能够进行综合数据分析和信息统计、能够进行社区互动和人工智能互动等线上互动。综合云平台的功能要求,云平台应包含以下九个功能模块。

(一)受教育者基本信息数据库

受教育者基本信息数据库是云平台开展教育教学以及机理数据分析的基

础，云平台绝大部分关于受教育者用户的数据都将与受教育者基本信息数据产生联系，受教育者基本信息数据库应包含以下信息。

受教育者个人信息：如姓名、性别、民族、出生日期、联系方式等。

受教育者学籍信息：如学号、入学年份、院系、专业、班级、研究方向、导师（学业导师）等。

受教育者家庭信息：如家庭所在地、家庭成员、父母职业、家庭贫困等级、家长联系方式等。

教育信息：如受教育者的成绩、课程信息、考试信息等。

实践信息：如社会实践、假期实习记录、专业实习等。

科技创新信息：如学科竞赛参与情况、科研项目、科研文章及科技成果等。

就业信息：如职业发展规划、个人成长方案、个人成长经历等。

其他信息：如奖惩信息、志愿服务记录、社团活动等。

这些信息既包括了被限定为固定内容的结构化数据，也包括了部分能够表述受教育者个性化信息的非结构化数据，可以通过云平台的后台管理系统进行维护，并通过前台系统呈现给相关人员查询。受教育者基本信息数据库是大学云平台功能模块中的重要组成部分，它不仅能够方便管理人员统计受教育者信息，还能够方便受教育者了解自己的学习情况。

（二）云课堂系统

云平台一大重要的功能就是应用混合式新型教育教学技术，增强思想政治教育工作的效果。云课堂系统可以帮助教育者和受教育者进行在线教学和学习，并实现教育主体和教育客体的有效互动。

1. 课程管理

教育者可以在云课堂系统上创建课程，进行课程设计、课堂分组和提问，以及进行课堂记录，并通过课程材料、课件、视频、音频等形式进行教学。

2. 教学互动

可通过线上功能进行混合式教学、互动式教学、翻转课堂、思维导图等互动教学方式。

3. 在线作业

教育者可以在课程中发布作业，并通过云课堂系统对受教育者的作业进行评分和评价。

4. 讨论区

受教育者可以在课程讨论区与教育者和其他受教育者进行交流，解决学习问题。

5. 资源库

受教育者可以通过云课堂系统在云平台的资源库中查找课程相关的资料，包括课件、视频、音频、文档等。

6. 学习记录

受教育者可以在云课堂系统中查看自己的学习记录，包括已完成的课程、课堂表现、学习笔记、作业成绩等。云课堂系统通过提供方便、高效的在线学习环境，帮助受教育者提高学习效率，并为教育者提供更为便捷、高效的教学方式。

（三）日常工作管理系统

云平台是理想的日常思想政治记录和管理载体，思想政治教育者面向受教育者开展的日常工作、进行的日常交流、日常工作的记录，不仅可以帮助教育者管理日常工作的内容和进展，有效提高工作效率和组织内部协作，还可以从受教育者的反馈信息中进行机理分析，多角度反映受教育者日常表现，分析受教育者学习状态。其主要功能包括：

1. 日常谈话记录

通过录音、录像、文字等形式，记录辅导员与受教育者的个体辅导的交流内容，还可以记录受教育者行为上的反馈。

2. 任务级项目管理

辅导员、班级导师、学业导师以及班级管理员可通过该系统安排主题班会、实践等班级活动，并记录班级成员出勤情况和活动表现。

（四）数据处理与分析系统

高校思想政治教育工作者依托云平台收集在开展教育教学、个体辅导、线上线下活动时产生的个性数据，诸如出勤及举手、抢答、讨论、课堂活动、作业、文字表达、肢体行为、注意力等，通过云平台的整合功能将这些数据加以分析，可实现教育成果动态分析，为之后教育管理工作提供重要参考。

1. 群体画像分析

在遵守受教育者个人隐私权的前提下，对高校思想政治教育活动中的受教育者群体进行思想动态、行为表征等数据分析，可以实现高校思想政治教育精准供给。通过刻画受教育者数字画像，揭示受教育者成长轨迹，可以帮助教育者和受教育者本人建立更加全面的认识,精准定位重点人群,为对受教育者进行个性化与精准化的教育管理与服务提供重要依据。①

2. 特征指数分析

依据科学理论和实践经验,团队设计出学习态度指数、学习拖延指数、自学能力指数等若干反映受教育者某一特征的指数,定量分析出受教育者在某一方面的具体情况。通过指数的纵向追踪和横向比较,发现指数和结果的相关性,从而有效识别受教育者的潜在问题或成长潜力,使思想政治教育更加精准化。②

3. 预警分析

基于课堂表现和日常表现数据,对受教育者的学业、心理进行超前预警,增强日常思想政治教育的前瞻性,辅助思想政治教育者对特定受教育者进行精准化的帮扶措施。

4. 大数据资源推送

根据受教育者日常线上学习时查找资源的记录,以及个性画像分析,可向用户推送其感兴趣的教育教学资源,另外可根据受教育者在学业、心理等方面的薄弱点,以及预警分析出的风险点,推荐相应的辅导内容。

(五) 智慧答疑系统

AI智能是未来信息技术发展的一个必然方向,智能系统可以帮助思想政治教育者解决日常工作中的部分较为简单的问题,也有利于受教育者进行自我教育和自我管理,系统内可整合受教育者手册、校园生活、学科知识、聊天咨询、生活娱乐、新生问答等常见问题和答案,能够在微信公众号聊天窗口、智能电视屏幕、专用外接互动设备等与系统进行接入和互动。答疑系统可根据提问自动进行回复,管理员需要根据受教育者提问的情况以及现实情况的改变,及时对问题和答案进行维护。根据实际运行中的经验,智能答疑系统应包含以下功能。

1. 问题和答案管理系统

系统外管理员将已知问题和相应答案录入到问答题数据库中,需要管理员收集受教育者在云平台上可能涉及的相关问题,并进行维护。系统还需要收集用户提出的无回答的问题列表,以便扩充题库。

---

① 张东,吕杰. 精准供给:大数据时代高校思想政治教育创新[J]. 重庆邮电大学学报(社会科学版),2019,31(1):75-81.
② 杨东杰,李奕璇,胡锐. 数据赋能管理:高校学生事务管理的精准化取向与路径——以中国石油大学(北京)为例[J]. 北京教育(高教),2020(3):29-32.

2. 智能文本、语音识别系统

这一功能能够让智能答疑系统与用户进行交互，系统需要能够识别用户发送的语音并转换成文本，识别文本信息中的关键词，以便进行回答。管理员需要维护关键词列表。

3. 统计系统

可查看并导出一定时间段内的统计数据，包含时间、用户使用人数、用户使用时间、各问题提问次数、未找到答案问题次数、问题查询次数等，管理员可根据相关数据与需求进行优化并指导思想政治，或对特定问题进行关注。

（六）思想政治教育资源库

利用云平台开展思想政治教育的优势之一在于可以在开展教育教学活动中更便捷地利用线上资源。资源库内的教学资源既可以是本地上传的微视频、图片、语音、PPT 和 Word 文档，也可以是网页上的各类链接；既可以是本校教育者的课程回顾，也可以是全国知名学者专家的讲座论坛；既可以是实践基地现实情景，也可以是虚拟仿真场景。可谓是实现了课内外、院内外、校内外各方面教学资源的充分整合。

（七）评价及问卷系统

高校网络思想政治教育者可以通过云平台，主动向受教育者收集关于教学和教育效果的反馈，以及收集受教育者认识的特定内容主题的问卷系统，通过本系统可进行教学课程的课程评价、受教育者思想动态调查、在线知识问答、思想政治工作信息收集等。

（八）留言及论坛系统

云平台作为思想政治教育的有效载体，是教育者和受教育者进行在线交流的平台。留言功能可进行公开留言或指向性留言，邀请相关的老师或机构进行解答；论坛系统则允许教育者和受教育者设立感兴趣的主题，进行探讨交流，同时开设私信系统，方便用户进行一对一交流。

（九）用户和管理员系统

出于信息安全考量，在校园内部服务器中，用户需注册且通过审核方可进入并使用云平台。系统可根据院系、专业、班级等设置管理层级，为受教育者干部、辅导员、班主任、导师、任课教育者、管理干部设置不同级别的管理权限，方便进行课堂、活动的成员管理，以及数据、资源的更新。

三、高校网络思想政治教育云平台的运行机制

云平台的建设和发展必然伴随着网络信息技术、网络文化以及思想政治教育的形式变化而不断进化，为了让云平台能够长期地、深入地融入思想政

治教育体系当中，就要求思想政治教育者从全局考虑，建立长效工作机制，以推进云平台和高校德育工作健康、有序、协调发展。

(一) 云平台运行机制的概念和功能

高校思想政治教育着力于受教育者的思想政治工作，其内涵和工作内容多且复杂，影响因素众多，属于社会机制，因此云平台的运行机制就是指在高校思想政治教育系统的指导下，在云平台内部诸要素和功能之间彼此互相关联、互相作用、互相影响、互相制约的基础上，形成和发展起来的工作运行体制、系统管理规范和工作运行方式，在这种运行机制下，云平台为高校的育人目标服务，最终达成高校"立德树人"的目的。

云平台的运行机制需要达到以下三个功能：

第一是导向功能。云平台最大的作用之一是通过云平台的运用补足实际工作中的薄弱环节，并通过云平台这一载体，探索新形势下受教育者思想政治教育的新特点和新规律，进行改革和创新，在内容、途径、方法等方面努力完善受教育者思想政治教育体系。现代社会人与人之间的交往日益侧重于运用互联网和信息技术，云平台在这种大形势下，需要紧跟时代步伐，以社会主义先进文化为指导，形成健康向上的舆论导向和思想导向，倡导受教育者养成优秀道德品质，弘扬民族精神，宣扬社会主义法治，形成师生之间的良性互动。

第二是协调功能。云平台发挥成熟作用的前提是思想政治教育者必须意识到受教育者思想政治教育是一个系统化的整体，需要有系统的管理机制让系统的各个部分，及维护各个部分的人员紧密配合，协调作用，以发挥云平台的最大效能。同时，高校也需要适当的管理机制，让学校内的各个单位与云平台紧密配合，加强社会各界与云平台的联系，以保证既定的受教育者思想政治教育方案能够在云平台上顺利执行。

第三是保障功能。云平台的运行离不开硬件、资金、政策、人才的支持，高校需要通过各种机制，对教育资源进行优化配置，使高校德育工作向着标准化、规范化方向发展。加强受教育者网络思想政治教育制度建设，拓宽教育教学途径，完善相关管理工作方法，以便于教育者有效实施教学计划，保障受教育者网络思想政治教育各项目标的顺利实现。

(二) 云平台管理机制

云平台的管理机制是指高校思想政治教育者通过一定的管理方式和管理措施，对云平台各要素之间的关系、功能等有计划地进行组织、协调、监督、实施的一套管理方法和原理的体系。之所以要有管理机制，一是由于受教育者思想政治教育本身就是一个系统的过程，以此为基础建立起的云平台，必须首先保证管理目标和政治方向与高校的育人理念保持高度一致；二是云平台的功能要素中有着共同的目标指向和着力点，通过管理机制可以让它们共同起作用，发挥出整体大于部分之和的功能效应。要完善云平台的管理机制需要注意以下要素。

1. 强化云平台的组织领导机制建设

云平台的各种教育功能和教育资源要正确把握政治导向，就要以理想信念教育为核心，帮助受教育者树立科学的三观和人生成长方向。云平台是高校党组织抓好理想信念教育的重要抓手，高校可以利用管理机制，让高校的党组织和马克思主义理论专家学者参与到云平台的建设中。另外高校的行政部门也需要参与到云平台的管理当中，根据"三全育人"中全员育人的理念，高校行政部门要发挥管理和教育的双重职能，对云平台施行科学管理和实施、统筹安排，协调一致，充分调动高校各方教育力量，形成支持云平台运行的系统体系。同时高校行政部门还要通过运用行政权限，解决云平台运行中的实际困难，改进云平台的管理工作。

2. 重视云平台的互动机制

高校网络思想政治教育主体和客体通过云平台的各项功能进行更密切的互动，将课堂上受教育者被动式的"要我学"变为发挥受教育者主观能动性的"我要学"。互动式的教育方式需要师生构建平等的教学关系，云平台可通过管理机制建立平等、和谐的学习环境，营造师生相互尊重的教育氛围，找到教育者与受教育者互动的结合点，强化教育的实践环节，将受教育者放在教育的首要位置，积极发挥受教育者的主观能动性，使受教育者真正实现自我约束、自我教育。

3. 深化云平台的激励机制

激励是管理学的一个重要概念，通过满足个人的某种期望，持续调动一个人的动力，使其指向某个现实目标。合理的激励机制能够引导受教育者克服困难、解决问题。在应用云平台开展教育活动时，适当地使用一些激励措施，有利于挖掘平台成员的潜力，激发其创造性；有利于激发学习动力，形成良好学风；有利于强化思想政治教育的效果。常见的激励机制有积分体系、社交激励（评论、点赞等）、任务模式、排行榜等。在应用激励方法的同时，思想政治工作者还应注意充分考虑不同年级、专业、文化背景导致的差异性，以精神激励为主，强化受教育者在使用云平台时的归属感和被尊重感，同时还应注意激励要适度，避免形成攀比和教育目标的扭曲。

(三) 云平台保障机制

云平台建设需要有高校提供的资金、技术、政策等基础资源支持，以及面向教育者和受教育者的基础培训。保障机制通常有以下五个方面。

1. 人员保障

要保障云平台的运行，高素质和有技术的人员是核心保障。高校需要逐步完善岗位责任制，加强改革用人机制，让高校思想政治教育者有精力、有意愿参与到云平台的运行管理当中；同时加强人才的培育，保持运行团队成员思想的先进性。在选人用人阶段，高校应时刻将坚定的政治信仰放在首位，兼顾较高的思想政治教育工作水准和较高的计算机使用水平，完善运行团队的考核机制，强化运行团队和教育者的责任感和使命感，通过培训提升运行团队的综合素质。

2. 设施保障

现代化的硬件设施可以促进云平台的现代化建设，为云平台带来良好的用户体验，树立品牌效应，另外也可以提升受教育者的学习动力和实践动力，充分发挥受教育者的创新才能。

3. 资金保障

人员和设施都需要有资金作为支持，高校应根据云平台的需求来对教育资金进行合理的分配，在保障云平台运行的人员和设备的同时，支持高校教育者围绕云平台开展教学科研和实践探索，促进云平台的良性发展。

4. 制度保障

制度既可以约束人的行动，也可以提高工作效率[1]，还可以保障云平台用户的合法权益，为云平台运行人员开辟个人发展路径。云平台的运行制度应从我国的相关法律法规出发，结合受教育者的实际情况制定规章制度，对教育者在云平台上的行为进行规范化管理，对受教育者的网络行为进行有效的约束，以构建文明和谐的云平台文化环境。

5. 高新技术保障

云平台是网络技术和现代教育技术相结合的产物，为了能够充分发挥云平台的作用，高校教育者应不断地提高自己利用网络技术实现教学创新的能力，鼓励受教育者使用校园云平台。可通过培训、科普、新媒体宣传等手段，让云平台的师生用户时刻跟进先进的现代信息技术，坚持技术创新，保

---

[1] 李辉源,张俊,马建军.当前高校网络思想政治教育面临的挑战及应对策略[J].邓小平研究,2020(6):107-115.

证云平台的正确发展方向。

(四)云平台评价机制

云平台的运行是一个复杂的系统工程,如何评价云平台的运行效果,可通过以下维度进行评估:以云平台运行和使用的参与者,如教育者、运行团队成员、管理员、受教育者、其他使用者等为主导;以云平台运行和使用的参与组织,如工作领导小组、运行管理团队、教学团队、党团组织、受教育者组织、社团组织、班集体组织等为线索;以云平台活动的形式,如政治理论课教学、第二课堂、班级活动、线上咨询、学业辅导等为依据。

云平台的运行是一个复杂的体系,需要综合各个维度的评价指标予以补充。要评价云平台的运行效果,需要高校根据上述的三个评价维度,制定评价指标体系,制定权重系数,进行试评和检验,设定评估指标等级,最终形成评价体系。在评价云平台教育成效的过程中,应注意坚持教育过程的协调性、教育内容的适用性、教育效果的知行统一性。

在建立评价体系后,要制定合理的评估方案,明确云平台评估的原因和目的,明确指导思想、政策依据等;设置云平台评估工作中各项具体业务的时间流程、阶段划分等,做到科学合理、客观公正;成立评估小组,并具体分工,落实责任;最终形成评估方案的书面报告,并向云平台的运行管理团队进行反馈,以便完善云平台的运行机制。评估小组也要根据评估过程中出现的问题和反馈,及时修订、完善评估方案,并向高校相关领导部门反馈评估结果。

第二节 高校网络思想政治教育云平台的构建方案、技术与系统

网络教学平台最早出现在国外,目前国际上主流的网络教学平台主要有商业平台和开源平台两种。商业平台主要有 Learning Space、Virtual、Blackboard、Top Class 等,开源平台有 Atutor、Sakai、Moodle、LAMS、Claroline 等[1]。目前国内较为知名的网络教学平台有慕课网(MOOC)、网易云课堂、蓝墨云班课、腾讯课堂等。

云平台构建的方案通常包括:可扩展的架构以支持多种应用程序和服

---

[1] 朱天玉.加强民办高校思想政治理论课网络教学平台建设的思考[J].教书育人(高教论坛),2018(3):92-93.

务；适用于网络思想政治教育各项功能的数据库技术；能够保障服务的可用性、可控性、可见性的系统。网络平台的构建方案主要包括以下六个方面：确定网络平台的功能和目标；确定网络平台的架构，包括硬件、软件、网络等；确定网络平台的安全策略，包括访问控制、数据安全等；确定网络平台的管理模式，包括用户管理、资源管理等；确定网络平台的运行环境，包括系统环境、网络环境等；确定网络平台的测试方案，包括功能测试、性能测试等。

一、高校网络思想政治教育云平台的框架

.NET 框架是用于构建可重用的、可测试的和可维护的应用程序。其优势在于：①可移植性：可以跨多个操作系统平台运行；②可扩展性：可以通过添加新的类库和框架来扩展功能；③可重用性：可以重用现有的代码，从而提高开发效率；④可测试性：可以使用单元测试来测试应用程序的功能；⑤可维护性：可以使用设计模式来提高应用程序的可维护性。常见的开源.NET 框架包括：ASP.NET Core、Entity Framework Core、Xamarin、U-nity、Spring.NET、Nancy、Owin、SignalR、NHibernate。

（一）Spring.NET

Spring.NET 是一个开源的.NET 框架，旨在简化.NET 应用程序的开发。它提供了一系列的技术，用于构建可重用的、可测试的和可维护的应用程序。其主要功能包括：

①依赖注入，用于管理应用程序中的对象；

②AOP，用于实现面向切面的编程；

③数据访问，用于支持数据库访问；

④Web 服务，用于支持 Web 服务开发；

⑤消息，用于支持消息传递；

⑥安全，用于支持安全性；

⑦测试，用于支持单元测试。

Spring.NET 一经面世就受到大家的关注，它的出现使开发企业应用程序的开发变得简单，提高了生产力。关于 Spring.NET 的内容很多，在这里我们主要介绍控制反转 IOC 和 bean 的管理。

IOC（Inversion of Control）是一种设计模式，它将对象的创建和组装从应用程序中分离出来，由容器负责管理对象的生命周期，从而实现应用程序的解耦。IOC 的优点是可以提高代码的可重用性和可维护性，可以更加灵

活地管理对象的生命周期,可以更加方便地实现依赖注入。

Bean 是 Spring 装配的组建模型,它可以被容器创建、配置和管理,也可以被容器注入其他对象中,从而实现依赖注入。Bean 的优点是可以提高代码的可重用性和可维护性,可以更加灵活地管理对象的生命周期,可以更加方便地实现依赖注入。

(二)NHibernate

NHibernate 是一个开源的对象关系映射(ORM)框架,它可以将 .NET 应用程序中的对象与关系数据库中的数据进行映射,从而实现数据的持久化。NHibernate 提供了一种灵活的方式来映射 .NET 对象到关系数据库,它可以自动生成 SQL 语句,并且可以自动处理数据库的连接和事务。NHibernate 还支持多种数据库,包括 SQL Server、Oracle、MySQL 等,可以更加方便地实现数据持久化。

二、高校网络思想政治教育云平台的数据库

MySQL 由瑞典 MySQL AB 公司开发,目前属于 Oracle 公司。MySQL 是一个关系数据库管理系统。关系数据库是将数据保存在不同的表中,而不是将所有数据放在一个大仓库内,这样就增加了速度并提高了灵活性。MySQL 数据库适用于各种类型的应用,包括网站、移动应用、云应用、嵌入式应用等。MySQL 数据库可以支持多种操作系统,包括 Windows、Linux、Mac OS X 等。此外,MySQL 数据库还可以支持多种编程语言,如 C、C++、Java、PHP 等。MySQL 数据库可以用于构建复杂的数据库系统,如电子商务系统、社交网络系统、在线游戏系统等,也可以扩展到大型网站,因为它支持大量的用户和数据。

国家目前建有"新时代高校课程思政数据库",其中不仅包括思政元素库、课程思政教学案例库、名师视频课程库以及教案讲稿等教学资源,还提供了实用高效的教学管理工具,值得一提的是,课程思政数据库数字化程度高,建有自身数据库,开创性地提供了"全模式全贯通"服务模式,即同时为用户提供电脑 Web 端、手机 WAP 端、微信端、安卓 APP 手机端、安卓 APP 平板端、苹果 APP 手机端、苹果 APP 平板端共七种应用端。云平台可以智能管理和运用用户学习数据,统计分析用户的使用习惯、学习行为、学习进展、时间分配、关注的知识领域等数据。对用户学习模式的分析与直观展示,可以帮助用户量化了解自身教学进展,协助教育者掌握受教育者学习情况和实际需要,掌握系统化的思政知识体系。

三、高校网络思想政治教育云平台系统

云平台的系统可采用 B/S 架构，即浏览器和服务器架构模式，这是一种分布式计算架构，它将客户端和服务器端分开，客户端只负责显示，而服务器端负责处理业务逻辑和数据存储。它是随着互联网技术的兴起，对 C/S 架构的一种变化或者改进的架构。在这种架构下，用户工作界面是通过浏览器来实现，极少部分事务逻辑在前端实现，但是主要事务逻辑在服务器端（Server）实现，形成所谓的三层结构。B/S 架构是 Web 兴起后的一种网络架构模式，Web 浏览器是客户端最主要的应用软件。这种模式统一了客户端，将系统功能实现的核心部分集中到服务器上，简化了系统的开发、维护和使用。客户机上只要安装一个浏览器（Browser），如 Netscape Navigator 或 Internet Explorer，服务器安装 Oracle、Sybase、Informix 或 SQL Server 等数据库，浏览器通过 Web Server 同数据库进行数据交互。这样就大大简化了客户端电脑载荷，减轻了系统维护与升级的成本和工作量，降低了用户的总体成本（TCO）。

B/S 架构的优点是可以提高系统的可扩展性和可用性，可以更好地支持多用户访问，支持跨网络的应用，并且可以更容易地实现跨平台的应用。B/S 架构还可以提高系统的安全性，因为客户端不需要处理敏感数据，所有的数据处理都在服务器端完成，这样可以有效地防止数据泄露。

第三节　高校网络思想政治教育云平台的未来发展趋势

一、精准思维贯彻教育全流程

精准思维，是习近平新时代中国特色社会主义思想所蕴含的方法论中解决问题的重要思维方式。习近平总书记多次强调"要从细节处着手"、"要强化精准思维"，这对高校思想政治教育的改革和创新具有重要指导作用。精准思政是精准思维在思想政治教育领域的落实应用。

一是思想政治教育主体精准。正如习近平总书记要求的"要精心培育和组织一支会做思想政治工作的政工队伍"。广大思想政治教育者充分了解新时代大学生的新特点，以精准思维指导自己各项工作，突出教育过程当中的专业化理念和职业化特征，通过系统推进精准思政，提升思想政治工作实效。

二是思想政治教育对象精准。能够精准识别教育对象的差异化需求是精准思政发挥效能的前提条件，"均匀用力"的网络思想政治教育模式已经很难与学生的多元化需求精准匹配，教育者应探索应用现代数据分析技术，分析学生阶段性行为特征，判断其个性化需求，从而有计划地规划和分配教育资源，提高思想政治教育的针对性。"私人订制"特定思想政治教育工作方案，使得"高精准"的思想政治工作有效率、有效果。

三是思想政治教育内容精准。在精准识别教育对象的需求之后，坚持内容至上，线上线下整合教育资源，提高教育内容质量，坚持思想政治教育内容政治性和学理性相统一、价值性和知识性相统一、理论性和实践性相统一，将马克思主义基本理论、习近平新时代中国特色社会主义思想等理论知识与当下时政要闻和社会热点相结合，创新音频、视频、VR、AR等多种教学形式，贴近教育对象兴趣点，用沉浸式、交互式、体验式的教学方法，精准提升思想政治教育效果。

四是思想政治教育效果评价精准。及时跟踪受教育者的评价、反馈、效果是精准思政的基本环节，需要构建内容全面和指标合理的科学评价体系，用定性和定量相结合的评价方法，定时评估教育成果和教育目标是否具有统一性，综合运用评级案结果，及时调整工作思路和教学方案，用精准、科学的评估促进思想政治教育工作质量和成效的提升。

二、追求技术工具理性和价值理性的辩证统一

习近平总书记在党的二十大报告中对加快建设教育强国做出一系列重要部署，强调"推进教育数字化，建设全民终身学习的学习型社会、学习型大国"。教育数字化是教育教学活动与数字技术融合发展的产物，也是进一步推动教育改革发展的重要动力。在思想政治教育工作中充分使用新兴技术，是思想政治教育创新发展的新形态，不仅能创新传统思想政治教育的思维与理念，而且为教育者把握受教育者的需求和思想动态，丰富教育内容呈现，优化教育方式方法等带来新契机。

一是发挥新技术的工具取向。新兴技术对大学生思想政治教育生态的影响已经不可逆转，因此要避其短、扬其长，充分借助技术优势，以"工具理性"优化思想政治教育生态。一方面，全面掌握学生在客观载体上无意识间留下的行为轨迹，分析行为轨迹的基本特点、变化趋势，研判个体或群体思想的现状，进一步推测未来的行为表现；另一方面，应用新技术更及时地反馈、调节，对思想政治教育活动的即时分析。依托大数据、云计算产生的思

想政治教育数据能立刻得以汇总和整合，进行即时分析，思想政治活动信息的收集、存储、处理实现了全时段可视化结果显示，依据思想政治教育数据即时分析，自动选择最优应对策略，进行校准、纠偏、完善，将优化的思想政治教育资源即时推送出去，以此为循环，持续优化，保证大学生思想政治教育工作的实效性。

二是坚持新技术的价值取向。无论思想政治教育生态如何变革，都必须紧紧围绕思想政治教育的本质，利用人工智能实现"工具理性"的同时，确保"价值理性"。思想政治教育与其他学科教育的不同之处还在于，教育的效果不能仅仅停留于知识记忆的层面，更要将知识内化为思想，形成相应的世界观、人生观、价值观，进而指导所期望的外在行为生成，最终实现"知行合一"。从范畴上来说，思想政治教育是一项教育活动。教育的目标之一在于"认知"，即对外部世界的表征、本质和联系等进行了解、认识和记忆。据此高校思想政治教育的落脚点之一就是向大学生传递思想政治的相关理论，引导受教育者将模糊的感受转化为清晰的概念，最终形成系统的知识体系。

三、人工智能技术赋能教育实效性提升

人工智能是目前信息技术发展的一个重要发展方向，人工智能的发展目的是使用机器实现对自然和社会的认知并进行计算和推理，其目标是模拟人类的思维，拓展人类的认知。人工智能的核心技术来自数学和计算科学，其主要发展方向包括认知科学、计算和推理、机器学习、传感与控制、博弈与伦理。

2017年，国务院印发了《新一代人工智能发展规划》，提出要利用人工智能促进教育发展。利用智能技术加快推动人才培养模式教学方法改革，构建包含智能学习、交互式学习的新型教育体系。开展智能校园建设，推动人工智能在教学、管理、资源建设等全流程应用。开发立体综合教学场、基于大数据智能的在线学习教育平台。开发智能教育助理，建立智能、快速、全面的教育分析系统。建立以学习者为中心的教育环境，提供精准推送的教育服务，实现日常教育和终身教育定制化。目前人工智能在教育方面的应用，主要是解决教育工作中的数据采集、机械工作、受教育者个性化数据分析、大数据决策等方面，目前已经应用到实际工作当中的有机器阅卷、个性化教学、智能化管理等。

在未来，人工智能与教育的融合将向着专业化和多元化发展。其发展方

向包括：一是以增强师生教学获得感为目标指向，运用人工智能技术破解教学过程的瓶颈问题，提升受教育者学习获得感。为受教育者提供有效的教学资源和检索工具，激发受教育者的求知欲和探究欲。二是以实施智能化教学管理为目标指向，运用人工智能技术实现教学管理向教学治理转变。一方面，智能教学系统通过教学大数据，帮助教育者获取动态课堂教学实况，分析受教育者个体和班级整体的教学状况，从具体数据反映受教育者对各个教学节点的理论认知状态和价值转化程度，实现"精准思想政治"。另一方面，人工智能通过教学大数据还可以分析出教育者的教学水平，评估出应该开展何种类型的教学活动，以及教育者自身应该在哪些方面加强学习和提升能力。三是以创设人机融合的教学情境为指向，运用人工智能技术营造以境导情的体验式教学环境，将受教育者的感觉器官带入一个深层感知环境，使教学富有时代感和针对性，帮助受教育者树立崇高理想信念。①

当然，将人工智能应用于高校思想政治教育还需要一个过程。首先，人工智能的核心是程序化计算，需要教育者将思想政治教育中的理念、技术、信息等提炼成可以转化为程序语言的内容，不断推进教育技术发展，并且进行专门针对思想政治教育的人工智能程序。其次，随着社会生活的方方面面与互联网的深度融合，教育形式也呈现多元化发展，人工智能可以依靠其强大的认知和机器学习能力与各种教育形式融合，并加强教育成果的标准化和通用性。

四、元宇宙概念深度影响教育理念

2021年10月，全球社交媒体巨头Facebook（脸书）公司宣布将公司名称变更为"Meta"，翻译为"元宇宙"，公司业务由社交媒体拓展到高度仿真的虚拟现实范畴，此举将元宇宙概念推上了舆论巅峰，引起了全球各国政府，以及科技、金融、互联网、教育等领域的极大关注，2021年也被定义为元宇宙元年。元宇宙概念最早出现在科幻小说当中，经过数十年在小说、电影等作品中其概念不断地被发展、延伸，元宇宙的英文全称为Meta-verse，由Meta（超出）和Universe（宇宙）两个单词混合而成。清华大学发布的《2020—2021年元宇宙发展研究报告》将元宇宙定义为整合多种新技术而产生的新型虚实相融的互联网应用和社会形态，它基于扩展现实技

---

① 赵浚, 张澍军. 高校思想政治理论课与人工智能的融合创新之道[J]. 思想政治教育研究, 2022, 38(5): 91-95.

提供沉浸式体验、数字孪生技术生成现实世界的镜像，以及区块链技术搭建经济体系[1]。元宇宙有三个基本特征，一是虚实融合，元宇宙不能被理解为纯粹的虚拟空间，而是与现实世界相互影响的；二是技术密集，新一代通信技术、沉浸技术、人工智能、区块链、云计算等新技术，都将成为元宇宙落地的技术支撑；三是有相对独立经济系统的社会体系。借助元宇宙当中的可视化的数字资源与工具，即时地将思维创意转化为具象产品，以创新创造推动元宇宙的生态构建[2]。

元宇宙的优势在于通过构建虚拟空间，将人类在虚拟空间中的感官模拟成为与现实世界接近的信号，让受众的思想体验趋近于现实。虽然目前元宇宙在技术和道德伦理方面还存在没有解决的问题，大众对于元宇宙的明确概念也不够明晰，但大众对于数字化生存的憧憬已愈发强烈。对于思想政治教育领域，一方面需要占领虚拟现实领域新拓展出的宣传、教育阵地，确保青年受教育者在元宇宙的生态当中也能得到健康的成长和正确的思想引领；另一方面，借助元宇宙提供的虚拟现实空间，以及带来的感官体验，可以增强用户在接收教育过程中的情感感受，进而增强思想政治教育的效果。思想政治教育需要准确地把握前沿科技孕育的时代机遇，依托元宇宙带来的数字场景、时空格局、叙事结构的变革方向，元宇宙赋能思想政治教育的发展趋势有以下三个方面：

（一）元宇宙营造思想政治教育沉浸式数字场景

在物理层面上，虚拟现实、增强现实、混合现实、扩展现实等数字技术，配合气味模组、体感反馈外装备，可以极大限度地实现主体的感官浸入。在数据层面上，基于惯性与光学的动作捕捉设备会实时采集人的表情、手势与体态信息，借由云端算力实现三维建模与实时渲染，在元宇宙的仿真场景中再现人的"身体"，建立起人及其数字化身的多维感官映射关系，以实现与元宇宙场景的交互。另外，依托元宇宙的开放空间与具象化创造，可以建立适应思想政治教育要求的任务场景，使受教育者获得心无旁骛的沉浸式学习体验。

（二）构建思想政治教育新型时空格局

元宇宙作为虚拟与现实双向互联的时空结构，能够打破线上与线下的壁

---

[1] 王慧媛. 探索元宇宙：思想政治教育媒介的进化与创新[J]. 学术探索, 2022(10): 145-150.
[2] 刘革平, 王星, 高楠, 等. 从虚拟现实到元宇宙：在线教育的新方向[J]. 现代远程教育研究, 2021, 33(6): 12-22.

垒,虚实耦合将突破物理世界的局限性,极大地拓展思想政治教育的时空边界。元宇宙的理念将模糊教育场景与生活场景的边界,育人主体将实现从专人到全员、从分散到协同、从学校到全社会的创造性转化,最终实现跨时空全员协同育人。

(三)推动思想政治教育叙事结构变革

元宇宙的开放生态打破了"我说你听"的传统叙事模式,使教与学双方拥有同等的表达权力,师生关系更加平等、开放。元宇宙以数字孪生技术建立了"现实自我"与"虚拟自我"的映射关系,使受教育者以"虚拟自我"化"身"于思想政治教育的在场之所,基于数字孪生技术,元宇宙使学习主体从旁观的"他者"转变为能动的探索者,让他们在场景探索与伙伴交往中体会道德选择带来的不同后果。元宇宙作为媒体资源,在更高维度的映射空间让思想政治教育内容从传统的二维上升到三维空间。

五、生成性大模型技术加快教育模式改革

当前,以 ChatGPT 为代表的生成性大模型技术发展迅猛,这是全新的基于语言的人工智能技术。它使用巨量的包含真实世界中人类对话的语料库训练模型,可以更好地理解并使用人类语言,从而进行近乎真实的对话,并根据对话语境进行交流互动,这是人工智能技术的更新迭代,也将深刻影响到高等教育领域,对高校网络思想政治教育来说,既是机遇又是挑战。

机遇主要体现在:一是可以促进受教育者个性化学习,根据受教育者的兴趣和学习风格提供个性化的网络思想政治教育,受教育者可以通过与人工智能模型对话进行交互,解答疑问,获取相关学习资源,从而促进学习效果;二是作为教育者教学辅助工具,教育者可以将该技术作为教学辅助工具,用于解答受教育者的问题、澄清概念、提供实例等。这样可以减轻教育者的负担,更好地满足受教育者的学习需求;三是锻炼受教育者开放性思维,与人工智能对话可以激发受教育者的开放性思维,帮助受教育者拓展思路,从不同角度思考问题,促进受教育者的创造性思维和批判性思维能力的提升;四是还可以提供互动性和趣味性,吸引受教育者更加积极参与学习。

然而需要注意的是,人工智能语言模型也存在一些潜在问题和挑战:一是不准确性,虽然人工智能语言模型可以提供丰富的信息,但它并不是完美的,在某些情况下,它可能提供错误的信息,尤其是在涉及复杂问题或敏感话题时。二是缺乏情感和人性化,人工智能语言模型缺乏情感和人性化,无法完全替代教育者的角色。在网络思想政治教育中,教育者的引导和关怀对

受教育者的成长至关重要。三是信息安全和隐私问题,在使用人工智能语言模型时,需要保证受教育者的信息安全和隐私。尤其是当受教育者提供个人信息时,需要采取措施保护其隐私权。

AI新技术的应用能推动教育的创新与发展,改变"教"与"学"的行为表达方式。高校思想政治教育者需要提升自身的信息素养、价值观和网络育人话语权和能力。

第五章 高校网络思想政治教育机理研究的灵魂——数据

通过三层多维的网络思想政治教育模型，使海量的思想政治教育过程数据的采集、存储成为现实，将无形的思想政治教育转化成有形的数据，将思想政治教育工作经验转向海量数据的分析，依据数据分析结果，对受教育者的学习行为进行判断并改进教育决策。

网络思想政治教育中与受教育者有关的数据包括：受教育者出勤情况和课堂中受教育者的举手、抢答、讨论、作业、头脑风暴、问卷投票、小组讨论等课堂学习活动等。与思想政治教育者有关的数据包括：教学活动设计、教学内容、教育者对受教育者的即时性反馈评价（点赞、评分、评价等）、教学反思等教学轨迹数据。通过受教育者观看的次数和频率还可反映出相关教育内容中有没有优选受教育者心动的内容。

第一节 高校网络思想政治教育应用数据技术的必要性

大数据已在高校校园的各个领域显现，大数据技术也已开始在校园内得以应用。大数据不仅给高校管理增添了新的生机，也给高校网络思想政治教育注入了新活力，为提高高校网络思想政治教育的针对性、时效性、感受性、实效性提供了更多可能。

一、顺应国家大数据战略发展趋势

大数据正在成为塑造国家核心竞争力的战略制高点。经过近几年的快速发展，我国已经成为数据大国。从市场来看，2022年全球数据库市场规模为833亿美元，其中中国数据库市场规模为59.7亿美元，折合人民币约为403.6亿元，占全球7.2%。毋庸置疑，中国正朝着全球第一的数据资源大国和全球的数据中心迈进着。在这样的背景下，大数据上升为国家战略也是大势所趋。在大数据视阈下进行高校网络思想政治教育创新既是顺应国家实施大数据战略的大趋势，也是主动适应网络格局大变化的新形势，更是积极响应以习近平同志为核心的党中央提出的高校思想政治工作的新要求。大数据不仅颠覆了人们关于因果关系的固定思维惯式，更颠覆了传统思想政治教育中引导受教育者关注事物因果关系的教育观念，这无疑将为高校网络思想政治教育带来一些新的转变。

一是从定性思维向定量思维转变。以往我们对于高校网络思想政治教育的研究与分析，无论从内容还是渠道来讲，都是通过对文本、资料进行总结归纳的定性分析，但大数据意识促使我们从定性分析思维逐渐地转向定量分析思维。大数据改变了传统出版时代刊物数量有限、承载思想教育信息量有限的局面。大数据资源为高校网络思想政治教育内容体系的创新奠定了基础。在此基础上进行数据的量化分析，将获得更新、更全面、更客观的视角。量化分析是大数据带给我们的最直接的成果，也是最具说服力的现实资源。在信息和互联网时代下，越来越多的新兴技术和软件的应用，帮助各个高校建立了内容广泛的受教育者综合数据库。如何利用大数据的思维和视野，合理有效地利用起这些具有宝贵价值的数据，来提升思想政治教育的精准性，是当下的研究重点。

二是从零散分割状态向集聚共享状态转变。大数据的实时共享意识，激发了高校网络思想政治教育的集聚共享状态，也极大地增强了思想政治教育的代表性和综合性。同时，也为高校网络思想政治教育的深入挖掘和分析数据提供了更多的可能。此外，在大数据的有利分析下调整网络思想政治教育策略，可以提高教育被认可和被接受的程度。大数据本身可能是"脏""乱""杂"的，它要求我们抛开零散分割的思维方式，根据使用者的"目的"进行情报规划和信息源规划，然后再将搜集后的数据进行清洗、整理和挖掘，变成具有"相关性"的大数据情报，最后才能够真正产生应用价值。

三是认知方式的全新转变。随着互联网技术、网络数据飞跃式的发展，高校思想政治教育者依托网络平台的统计功能和人类提供的大数据，将为高校网络思想政治教育工作的创新与应对提供有益的参考、方法和强有力的技术支撑。以往的高校网络思想政治教育浮于"经验主义"，对于网络思想政治教育工作的展开一般是通过经验分析。依托大数据的网络思想政治教育，不应仅仅是经验总结。利用线上平台、面部识别、校园卡系统、社交平台等，可以记录受教育者的学习动机、学习习惯、学习兴趣和课程评价等海量数据，进而可以挖掘到大量有价值的个性化信息。通过对信息的处理和分析，找到问题，总结规律，可以有效地提升科学预测水平。在思想政治教育中融入大数据思维和视野,将有助于教育者及时准确地掌握每个受教育者的性格特点、行为规律和情感认知,这对于提升思想政治教育的精准程度具有重大意义。

二、遵循高校网络思想政治教育规律

大数据技术挖掘能力是遵循高校网络思想政治教育规律的迫切要求。深度挖掘与精准分析能力的出现,有助于更好地把握教育主客体的关系规律,深化教育主客体关系的内涵。

首先,大数据所蕴藏的人文价值和科学价值是巨大的,当然对于高校网络思想政治教育这一领域也不例外。在大数据背景下,由于海量数据与信息网络的开放性,教育主客体之间不再是简单的传授关系,这种关系的内涵由教育主体占据绝对的主导地位向双向互动关系转变。在大数据时代下,一方面,高校网络思想政治教育的教育者与受教育者的角色边界灵活,在网络上人人都可成为思想政治教育活动的主体。这也使得受教育者在信息或事件的评论或转载中,都会主动、被动地受到许多思想政治内容的影响。基于这种技术与能力,通过对海量客观数据的深度挖掘与分析判断,教育主体可以更为深刻的把握这种互动关系,掌握互动模式,从而把握规律,全面促进高校网络思想政治教育工作的开展。

其次,系统集成和动态监测能力的形成,有助于把握教育内容的选择规律。大数据带来的系统集成和动态监测的能力,有助于提高高校网络思想政治教育内容资源的质量,增强教育的科学性和有效性。大数据所带来的系统集成能力是指主体对于把握整体、协调各部分关系的综合性能力。动态监测的能力则是指主体基于海量数据对目标对象进行实时监测,从而准确洞察各方面状况,及时调整思路,反映动态变化的能力。

在大数据背景下,基于不断更新变化的动态数据,系统集成是一个重要且创新的能力。系统集成不是简单的组合拼装,而是通过科学、系统的方式,将个体单位有效的集合为整体,发挥出远超于简单相加而产生的价值。在很多领域,某一单项技术的创新已经可以达到一定的高度,但若只是简单地将这些零散的单项技术整合在一起,并不一定能成为一个优质的系统。例如在汽车的整车技术领域,有性能、节能、环保、安全等各项十分先进的技术,但如果不考虑科学系统的集成组合方式,单纯地将最先进的、最好的技术叠加在一起,并不一定能实现整车组装后的良好性能。同理,在高校网络思想政治教育领域,大数据基于海量数据挖掘运算,分析数据之间的关联性，为高校教育主体拥有系统集成能力创造了契机，同样，高校也正需要通过积极发挥该能力的作用，促进教育内容的整合、优化、升级，以改善网络思想政治教育的效果。

一切数据都不是静止的，尤其在大数据背景下，海量数据不断变化甚至成倍增长，这就要求我们对数据的动态变化进行实时监测，也因此促成了动态监测能力的形成。目前，在医疗领域，医生可以通过对病人各方面指标数据的动态监测，判断病人的身体状况，从而给出具有针对性的治疗方案，并随着病人身体监测数据的变化随时调整和更新治疗方案。同样，在高校的网络思想政治教育领域，通过发挥动态监测能力，能够实时监测高校内外部的大数据资源，把握最新的数据动向，以促进教学内容和方式的及时更新和完善。这里的大数据资源主要分为两类：一类是数据资源，包括高校内部受教育者在网络和现实生活中产生的数据，高校外部通过互联网收集、购买等手段获得的社会上与高校网络思想政治教育有关的大数据；另一类是非数据资源，包括大数据软硬件设施等。也就是说，在大数据背景下，高校通过对海量数据信息的系统集成和动态监测，能够对教育的内容资源进行更加全面的、系统的把握和实时的更新，使教育内容更具有科学性、时效性，改善教学质量和教学效果。

再次，可以探索高校网络思想政治教育过程规律。互联网时代，微博、微信、QQ等新媒介迅速进入人们的日常生活。根据人民网研究院在2022年发布的《中国移动互联网发展报告（2022）》显示，截至2021年底，全球上网人口达到49亿，大约占全球人口的63%。近两年来，全球上网人口比2019年（41亿）增长了19.5%，新增加了8亿网民，网民普及率提升了将近10个百分点。中国网络空间研究院在2022年世界互联网大会乌镇峰会上发布的《中国互联网发展报告2022》和《世界互联网发展报告2022》显示，截至2022年6月，我国网民规模达10.51亿人，互联网普及率达到74.4%。高度的互联网普及率，使得教育主客体之间的关系、信息的真实性参差不齐，传播渠道愈加复杂，进而使高校网络思想政治教育的规范性和专业性受到挑战。而大数据恰恰为网络时代受教育者思想政治教育提供了一个法宝，使之能够以全新的面貌适应时代的变化，即宏观把握与微观突破的能力，是"广"与"精"相结合的过程。它是汇聚着各种信息内容以及受教育者大数据的大平台。依托这个平台，参与者的范围变得更大了，更多的群体将产生更多的数据资源。在教育内容的传播中，互联网更接地气，可以以受众喜闻乐见的方式呈现出来并发挥教育作用，将官方的宣传与民间的传播内容结合起来，产生的大量内容也可以汇聚起来成为一个数据资源库。而大数据读取可以使用各类的大数据资源，从已知的、甚至挖掘出具有相关性的大量的未知的数据，真正地做到最大范围的分析掌握，使人们具有能够全面洞察、宏观把握的能力。在微观层面，大数据使得思想政治教育者能够洞察入微，即每一个受教育的个体及其思想行为在大数据的技术之下，都可以被分析出独特的特征，再根据每个个体独特的特征，就能掌握每个受教育者个体的成长规律，制定出有针对性的个性化教育方案，从而达到更好的教育效果，实现微观突破。

目前，高校对于受教育者的思想政治教育是具有局限性的。网上产生大量信息，教育者只能根据自己能力范围可以掌握到的有限的资料分析出受教育者群体的大致情况，再根据针对自己观察掌握到的资料来对某个受教育者个体进行教育。这样既覆盖不到广度，即所有的数据信息和受教育者群体，也达不到理想的深度，即对受教育者个体的精准分析。而大数据技术的产生，不仅解决了这些问题，还能够将两者结合起来同时进行，既能从宏观上把握受教育者群体的整体情况，又能从微观上惠及受教育者个体，帮助教育者正确地把握教育过程科学展开的规律。

三、提升思想政治教育实效性和精准性

在思想政治教育教育者个人的微域层面，数据技术视域下的网络思想政治教育可以更好地发掘受教育者的兴趣，挖掘受教育者个性化的成长规律，提高思想政治教育的实效和效率，帮助网络思想政治教育更精准地发力，入脑入心，最终达成"立德树人"的目标。

首先，在大数据时代背景下，我们需要充分利用科技的进步和发展这一有利条件，把握各类教育载体，占领各个教育阵地，提升思想政治教育的实效性和精准性。具体来说，思想政治教育载体发生了以下变革：一是实物载体的变革。由于智能手机在高校受教育者中的普及率高，实现了教育实物载体的变革，即载体的多样化和可移动化。二是传媒载体的变革。各种聊天工具、视频软件、在线影视广播时时刻刻地进行信息更新。传媒载体的变革带来了数据传播方式、速度和信息量的巨大变化。三是管理载体的变革。在网络时代的高校思想政治教育，应该积极变革管理载体以适应新的互联网环境。而大数据技术就是在计算机网络技术的基础上产生的，也反过来作用于网络，帮助更好地把握网络规律。而在高校网络思想政治教育的领域，无论是大数据的数据挖掘，还是分析海量数据发现相关性，都可以帮助教

| 第五章 | 高校网络思想政治教育机理研究的灵魂——数据

育者更好地把握制定规章制度的规律，从而达到管理载体的优化变革。四是文化载体的丰富。高校受教育者具有新奇的想法，拥有丰富的想象力和创造力，他们已不再满足传统的课堂、书籍、报纸杂志、电视广播等传统文化载体，更倾向于在网络平台上接受文化的熏陶，同时传递他们独特、个性的文化。

其次，结合数据可以进行个性化数据分析与预测。利用大数据技术对海量数据的分析，可以帮助高校网络思想政治教育者实现从"主观经验预测"到"科学理性预测"的转变。

大数据能帮助思想政治教育者进行及时的预警。大数据技术就像网络舆论检测的报警器，当某事件的舆论触发到预先设置的"警戒线"时，就能马上发出报警来提醒相关人员采取相应的防范措施，对受教育者实施积极的引导，降低网络舆论的负面效应。随着社会转型变革，受教育者群体也在学业、就业、恋爱等方面承受着巨大的压力，可能诱发种种心理危机。使用大数据可以让心理危机的征兆变得更加有迹可循，一旦大数据综合预测出受教育者有心理危机产生的可能，就可以分析关联原因，采取及时的干预措施，对受教育者思想心理进行指导，达到有效的教育和帮助效果。大数据的精准分析预测技术对受教育者网络思想政治教育本身也创造巨大的优势。在大数据时代，人们的信息来源多样化，个体意识强烈，要想贯彻网络思想政治教育，就必须真正关注受教育者们的内在需要。针对他们所关注的问题，通过多种网络媒介开展各种形式的话题讨论，引导他们增进对社会问题的分析与了解，潜移默化地引导他们的思想观念，树立正确的社会主义核心价值观。

再次，数据技术可以大幅提升网络思想政治教育效率。例如，"云计算"技术可以显著提高教育者的工作效率。"云计算"出现以前，教育者的工作地点和时间在一定程度上都受到办公软件的限制。"云计算"使教育者们可以更高效地利用资源进行教学的研究，工作效率可以得到极大提高。"云计算"还可提供一个大容量的存储空间与安全的使用环境。师生可以实时查看自己储存在网络空间的海量数据。同时，"云计算"无疑是减少移动存储设备的使用，这将有效防止网络病毒的传播和蔓延。最后，很重要的是，"云计算"极大地节约了运行成本，用于教学、科研及日常办公的软件、硬件的配置及其更新换代都需要投入大量的资金。"云计算"可以实现用户终端的简化，软件资源共享，从而大幅降低高校网络运行成本。

第二节　高校网络思想政治教育数据化创新进程

一、从数据到大数据的发展

数据在教育中是十分重要的元素，学者们持续深入地对数据进行研究，衍生了一系列记录数据、挖掘数据、分析数据相关的教育思维和工作方法。数据研究逐渐与人际结合，用以探究事物发展变化的规律。

社会信息化的深入发展，万物互联，万物物联。生产、流通、交换、消费每一个环节以及各行业的智能协作都需要网络，由此产生的数据成为重要的生产要素，其作用不亚于劳动、资本、技术、知识、管理这些生产要素。人们的衣食住行、社会交往越来越离不开社交软件与各种电子商务、电子政务，由此留下的交叉重叠数据痕迹记录着人们生产、生活的时间空间信息以及活动内容甚至思想轨迹。由此开启了"以数据的深度挖掘和融合应用为主要特征的智能化阶段"，在这个阶段人类在使用信息系统时的数据生成，还包括各种传感器和智能设备的数据，由此形成了人类历史上前所未有的现象，即通过运用智能应用实现对数据的深度挖掘和分析，从而采用新的方法和视角，帮助人们分析事物发展的规律，促进科学决策的产生。这既助力于人们实现美好生活，又给人带来诸多新烦恼。社会信息化呈现加速的趋势，在数字化基础之上的网络化、数据化、智能化正在打造着人类历史上从未有过的新生产场景和生活场景。厘清大数据的来龙去脉、认清大数据的内涵、把握大数据时代特征以及我国大数据发展状况，是进行思想政治教育大数据研究的理论前提。[①]

数据是描述事物的符号记录，作为一种构成信息的原始材料，数据是对于事件客观性的事实描述，这种描述是离散的、客观的。[②] 对于数据，可以做如下理解：第一，数据具有素材性。数据是指没有经加工的原始记录，还只是一些素材。这些素材只有经过分析、挖掘之后，才能体现出其价值。换而言之，数据的价值在于对其挖掘的广度与深度。数据犹如金矿，只有经过开采和加工之后，才能变成金子。第二，数据具有集合性。数据表现为某种（尤其是一定时空间隔条件下）连续量的集合。这个集合是对客观事物的动

[①] 张玉龙.大数据视域下思想政治教育创新研究[D].长春：东北师范大学，2021.
[②] 陈明.大数据概论[M].北京：科学出版社，2015：246.

态过程时空间隔性（离散）量化描述，如对每分钟心跳多少次的监测，汽车百公里耗油的监测等都是数据集合。第三，数据具有多样性。数据由数字、字符与符号构成，其表现形式是多样化的。不同的数据形式处理过程和处理方式有很大区别。现代科学的一个显著特征就是量化。数据是量化研究的基础，不仅自然科学以数据作为基础，而且社会科学日益重视数据的作用，数据在生产生活中的作用也日益重要。

《第四范式：数据密集型科学发现》指出在"实验观测""理论推导"和"计算仿真"三种科学研究范式之后，将迎来被称为"数据密集型科学发现"的第四种范式，即数据探索，这将成为人类更加了解复杂现实的有效途径。

2011年，麦肯锡环球研究院发表的一份关于揭示大数据革命内在逻辑的报告，为人们全面而又系统的展示了大数据的基本含义、大数据所涉及的关键技术群，以及大数据的价值和作用、人们应当如何面对大数据革命等内容。这份报告使人们对大数据有了更加清晰的认识，也对未来更好地推动大数据技术在人们日常生活、工业发展以及科技进步的运用起到了关键作用。2012年，联合国"全球脉动"项目发布大数据白皮书《大数据促进发展：机遇与挑战》，其中指出：大数据时代已经到来，并且将会对社会各个领域产生深刻影响[1]。

2022年，习近平总书记在党的二十大报告中明确指出，要加快建设网络强国、数字中国。对事关网络强国、数字中国建设的一系列重大问题作出战略部署。[2] 把数据看成和劳动、资本、土地、知识、技术、管理一样重要的生产要素，这是中央对数据价值的肯定，也说明新时代数据对物质财富和精神财富创造的贡献也越来越大。随着大数据的发展，"世界"的内涵日益丰富起来，在物质世界和精神世界之间，形成并不断扩大的还有一个"数据世界"。三个世界相互作用，又在不断地打造着"同一个世界"。

二、大数据视域下的高校网络思想政治教育内涵

一是关注和侧重数据本质层面。其主要观点有：大数据是不易用现有的一般技术进行管理的大量数据集的集合。城田真琴认为，"大数据是指其大

---

[1] Big Data for Development: Challenges & Opportunities[DB/OL]. UN Global Pulse (May 2012).
[2] 习近平:高举中国特色社会主义伟大旗帜 为全面建设社会主义现代化国家而团结奋斗——在中国共产党第二十次全国代表大会上的报告[EB/OL]. https://www.12371.cn/2022/10/25/ARTI1666705047474465.shtml.

小远远超出了传统数据库软件的采集、储存和分析等能力的数据集",持这种观点的还有麦肯锡公司。涂子沛认为"大数据＝传统的小数据（源于测量）＋现代的大数据（源于记录）","大记录"可以是文本、图片、音频及视频等，这和传统的测量完全不同，大数据"大"在现代"大记录"的不断扩大。这类观点聚焦数据本质层面，相对狭义，是早期有别于"小数据"、统计数据所提出的新提法、新概念。

二是关注和侧重数据能力层面。其主要观点有：大数据具有更加科学和客观的视角，可以十分精准地测评分析事物产生、发展和演变的背后的潜在规律，具有强大的决策参考能力，可以通过深度挖掘和学习，精准客观地预测事物发展趋势。持这样的观点代表有高德纳、脸书网（Facebook）帕瑞克豪等研究员。这种观点承认了大数据多样、海量的特征，在第一种观点的基础上，进一步提出了对数据使用能力的探讨。他们认为"仅有体量大的数据，若无能力利用，也不可能成为大数据"。

三是关注和侧重技术运用层面。其主要观点有：将大数据定义成一种技术或一个技术问题；将依靠大数据技术解决 IT 所出现的新问题；大数据就是"拿数据，算数据，卖数据"；大数据核心是一些有别于传统的，适合大量数据处理的工具。持这样的观点代表有以 Forrester 公司为代表的一批技术研发人员。这种观点注重大数据作为技术工具，抓住了大数据技术运用的表象特征，但容易陷入"唯技术论"和"技术决定论"，容易导致研究人员的视野受到局限或过窄而错过趋势。

四是关注和侧重数据价值层面。其主要观点有：大数据是拥有高度实效性和海量准确基础数据支撑的高价值信息资源；"大数据"要有"大价值"；大数据当前发展的瓶颈在于如何利用计算机语言中特定的算法提高数据挖掘的精度和分析理解的准确度；大数据就是新型战略资源、新财富。持这样的观点的代表有学者盖瑞·金和以高德纳咨询公司、莫纳什研究院为代表的一批研究人员。这种观点从大数据价值密度相对较低的特征为观测点，主张对大数据的价值进行积极挖掘，但是他们更看重的是功用价值层面，容易陷入"利益至上"和"功利导向"的误区。

五是关注和侧重变革发展层面。其主要观点有：大数据不仅改变了信息生产力，也将改变信息生产关系；任何一个领域都无法回避大数据，它将是一场彻底的数据革命；大数据能将世人所感兴趣的一切囊括其中；大数据是融合物理世界信息空间和人类社会三元世界的纽带。持这样的观点代表有程学旗、周涛、维克托·迈尔-舍恩伯格和哈佛大学的一批研究学者。程学旗认为，在现代信息技术的支撑下，大数据将人类的物理空间与计算机算法的信息空间融合，并互相映射，互相验证。这类观点主要从人类行为方式、生存范式、交往方式变革的角度来界定，认为大数据对政府管理、学术及商业带来了很多颠覆式地变革。①

马克思主义认为，客观的物质环境的变化会影响人们思想的变化。他在《资本论》中指出："观念的东西不外是移入人的头脑并在人的头脑中改造过的物质的东西而已。"他在《共产党宣言》中再次申明："人们的观念、观点和概念，一句话，人们的意识，随着人们的生活条件、人们的社会关系、人们的社会存在的改变而改变。"所以，人们的思想不是凭空产生的，而是受制于多重环境因素的影响。恩格斯也认为："人的伦理观念总是在他们从事生产和交换的经济关系当中产生的，这种观念的产生有时是有意识的，有时是无意识的。"② 上述的论点强调了人的思想品德观念的社会属性。人的思想品德观念的产生是人与人之交互作用的结果。因此，思想政治教育与人所处的社会环境是密不可分的。在大数据迅速发展的现实下，社会环境产生了巨大变革，为人们带来了不同于以往的生存方式、认知方式以及交往形式，人们的思想意识、道德观念以及认知理念的生成境遇发生了改变。而高校思想政治教育作为一项具有很强现实指向性的活动，既同人的思想、行为和人的发展有着直接的联系，又同社会的政治、经济、文化发展有着广泛的联系，我们必须从它与人和社会的关系层面认识和理解它的特殊性质。所以，在高校思想政治教育的对象——受教育者的生存环境发生改变的状况下，高校思想政治教育不应对现实情况的改变视而不见，忽视人的思想变化，而应该在内容、方法、载体等各方面进行与大数据时代相契合的创新，以回应人的现实需求，达到育人目的。对于高校思想政治教育自身而言，其生存发展的环境也随着大数据的渗透发生着巨大的改变，与传统思想政治教育相比，大数据背景下的高校思想政治教育面临着数据化浪潮的冲击，教育信息化、网络化、智慧化的发展影响着传统思想政治教育的模式和思维理念。海量知识信息的易得性改变了传统课堂"你讲我听"的知识获取模式，对思想政治教育对象各类行为数据分析的可行性颠覆了思想政治教育的传统研究方法……总之，数据化的生存环境呼吁高校思想政治教育新的思维理念的

---

① 谢继华. 大数据视阈下高校网络思想政治教育创新研究[D]. 成都：电子科技大学，2018.
② 张瑞敏，王建新. 大数据时代我国数据意识培养路径探析[J]. 大连理工大学学报（社会科学版），2020,41(1):109-116.

产生，这也为大数据背景下的高校思想政治教育创新奠定了坚实的理论基础。

马克思、恩格斯对于"数"一直非常关注，并将其运用于诸多的革命宣传和鼓动中。在马克思看来，数学在科学发展中占据着举足轻重的地位，某一学科使用数学的频率和程度反映了这门学科科学性的高低。恩格斯指出："'数'表现了人类所认知'量'最纯粹的规定，而且它存在着'质'的差异。"无论是哪一类型的学科，自然科学也好，社会科学也罢，都是要通过"质"与"量"相结合的方式，来研究现实世界的空间形式和数量关系，以数学知识为基础，确立辩证唯物主义的自然观。基于对"数"的重视，马克思对于发生在资本主义社会的经济危机有着独到的看法，资本主义经济危机中看似不规律波动的数据可以反映一定的真实规律，数学可以帮助发现这一真实规律。总而言之，在马克思、恩格斯看来，从数字到供数学方法运用的数据，能够反映事物发展的规律以及本质。列宁非常重视统计研究方法的运用，认为数字是统计研究方法的核心，离开了数字描述、分析、证明和判断的统计研究，是缺乏科学性和可信度的。统计研究方法中所使用的数字必须是以具体事实为依据的，统计数字必须从全部总和与相互联系中来把握事实，这就是列宁所认为的统计研究方法的特殊性之所在。列宁指出，统计认识"必须毫无例外地掌握与所研究的问题有关的事实的全部总和，而不是抽取个别的事实"。以全部事实为依据，并且注重把握它们之间的联系，把事情的真实、客观情况展现出来，才能获取比雄辩更有说服力的确凿证据。由此可见，在列宁看来，数据的量的全面性对于提升统计研究的科学性非常重要。从马克思、恩格斯、列宁关于"数"的思想理念，我们可以推衍出，大数据同样能够反映事物发展规律及本质，同时能够提升量化研究的科学性。这为大数据背景下高校思想政治教育创新提供了理论指导。

基于对"数"的认识，马克思、恩格斯、列宁在实际工作中充分践行了其思想理念。首先，对于资产阶级宣扬的在资本主义条件下，工人的生活将得到极大的改善这一"神话"，马克思和恩格斯通过查阅资产阶级政府提供的统计数据资料，对其进行了无情的揭露和批判。马克思以英国国会"蓝皮书"下的一份《关于刑事犯营养的官方调查报告》中的数据为依托，编制出农业工人与刑事犯的每周营养量表。通过数据化的呈现，发现两个群体从食物所含营养物质的总量进行对比，农业工人是139.08盎司，而刑事犯则是183.69盎司。通过数据的呈现，无可辩驳地说明了刑事犯的营养甚至高过了农业工人，揭穿了资产阶级的谎言。马克思、恩格斯为了验证资产阶级社会调查和立法的阶级局限性，对资产阶级举办的工人家计、处境以及制定的"工厂法"都进行了彻底的调查，以揭露资产阶级的趋利本质和长期压榨工人阶级的罪恶本质。针对资产阶级将比利时工人的困难处境掩盖，反而将其吹嘘为"工人乐园"的情况，马克思根据比利时中央统计委员会提供的相关资料，并对比利时工人的生活进行分析，将比利时工人一个家庭300日的收入和其一年的支出与亏空情况进行数据化的呈现。结果发现，如果必要的生活资料价格有微小的上升，就会引起比利时工人的死亡或者犯罪，有力地驳斥了"工人乐园"的虚构。其次，作为无产阶级的革命领袖，马克思、恩格斯时刻关注着工人阶级所关心的问题和他们思想上所存在的疑难。为了对工人阶级有一个更加清晰准确的认知，马克思和恩格斯运用统计的方法将工人们的各种问题制成详细的提纲，并在有社会主义倾向的刊物上公开答复提纲中的问题。将这些数据进行宣传报道，以使得这些数据能够公开和共享，从而以客观数据为依据来更加正确地阐明各个阶级的社会关系，提升工人的阶级觉悟。再次，为了更好地把握工人阶级的状况，更加有针对性和有效性地进行革命宣传和鼓动，马克思、恩格斯对各国工人状况做了"统计调查"，恩格斯用了21个月的时间，从亲身观察和交往中直接对英国工人阶级进行了调查研究。可以说，"调查研究"是马克思主义思想中一个根本的工作方法。调查研究是唯物主义者历来非常重视的一种研究方法，他们认为，问题的解决需要借助调查研究提供的可靠数据。马克思则把调查研究推向一个更高的位置，将其视为推翻资产阶级的必要条件。马克思认为，只有了解了社会现状，从尊重事实出发，对研究材料充分占有和把握，才能够更精准地分析形势、探寻关联、判断现实，从而改变现实。科学理论从来不是先验存在的，而是建立在现存事实基础上的。任何事先规定的"原则"都不应当是研究的出发点，而应是其结果。考察事物的客观性，应落脚在事物本身，才能掌握事实。马克思、恩格斯在思想政治工作的具体实践中对数据的极大重视，对调查研究方法的关注与运用，无疑为思想政治教育数据研究做出了有益的探索和贡献。列宁在实际工作中较为普遍地运用了统计资料和统计方法来说明重大的政治和经济问题。在《国家与革命》中，列宁提出，要把共产主义第一阶段安排好，并且正确进行工作的必要条件离不开监督和统计，也因此提出了"社会主义——就是核算"的公式。在《现代农业的资本主义制度》中，列宁也指出了如果不对全国的浩繁材料进行收集和统计，单纯依据传统的估计和不全面的材料，是难以解决问题的。同时，列宁非常注重统计研究方法的普及，在《苏维埃政权的当前任务》中，列宁申明了苏联统计学的特点是通俗易懂，广大工农群体不需要掌握多深的数学知识，也可以了解自己应该如何合理分配工作和休息的时间，各个公社之间的业绩比较也更为直观。正是对数字有了这样的认知，列宁在政治教育工作中依托数据大大提升了政治教育的导向、说理的力度和效度，使政治教育作用的发挥得到了更为充分的彰显。具体表现在列宁运用数据统计不仅在领导选举和领导罢工等方面发挥了显著的效果，在党建工作中也体现出卓越的成就。在领导选举活动中，列宁在搜集大量材料的基础上使自己的论证充满逻辑和说服力。他首先批判社会革命党人在没有对各个工厂的投票情况进行收集和统计的前提下，便妄下论断的不科学性。其次，列宁在判断其政治动员和思想宣传对于以往不关注政治的选民是否有效，以及能否争取小资产者到无产阶级这一边时，不是凭空的主观臆断，而是对以往选票的数据进行统计，从数据统计中发现问题和规律，用确切的数字给予了肯定的答复。在领导罢工的运动中，列宁以经济罢工和政治罢工同时上升和同时下降的数字论证了两者的关系，同时将数字以可视化的形式呈现，通过多变量方法、时间序列方法以及对比方法论证罢工对工人阶级的利益。从而阐明罢工运动的迫切性和重要性，奠定了罢工运动成功的基础。在党建活动中，列宁用数据统计方法整理政治资料来分析和说明党内关系，是党建工作科学化的典范。总之，列宁在马克思、恩格斯重视数据调查、统计研究的基础上做了进一步的提升和创造，为促进思想政治教育研究科学化留下了宝贵的精神财富。

从系统论的视角来看，高校思想政治教育是社会发展这个复杂、巨型系统中的一个子系统，处于社会影响的大生态系统中。作为子系统，宏观社会环境的变化与发展无不以各种途径与方式无时无刻地影响着高校思想政治教育。大数据时代，是一个以数据为重要资源和资产的时代，基于大数据带来的变革性影响，人类社会宏观环境中的政治、经济、文化等固有"态势"被刷新，确立了新的发展方向。大数据时代对整个经济、政治、文化的影响，既是一个客观事实，又是高校思想政治教育发展面临的新的宏观形势。全面分析大数据对我国经济、政治、文化的影响，是我们做好新形势下高校思想政治教育的基本前提。

在政治、经济、社会及文化等大背景的持续发展变化过程中，大数据对思想政治教育的施教者、受教者、教育载体、教育模式带来了巨大的变革和突破，同时也推动了高校思想政治教育工作不断地创新发展。

三、数据资源整合管理路径

（一）整合教育"全员"数据资源

高校要加强组织领导，以"大思政"概念合理建立组织机构。高校中主要承担思想政治工作的有学生处、团委、招生就业处等部门。应聚合上述部门全部数据资源协同合作发力，把大学生思想政治工作事项"入学—过程—毕业"扁平化数据推上网络统筹谋划，力求使受教育者思想政治管理工作全部转向网络化办理，加强受教育者网上网下数据转换的服务质量，使大学生思想政治管理工作更加高效、便捷。树立"大思政"概念整合，形成校内全员数据资源共同育人的思想共识，在校园内不分部门不分岗位，所有教职员工都应承担分内的育人责任，主动体现出育人的数据化，用数据讲好育人故事，体现全员育人的使命感。构建高校全员育人的长效机制，还应该借助受教育者网络思想政治平台整合教书育人、科研育人、实践育人、管理育人、服务育人、文化育人、组织育人等具体岗位人员育人的状态数据，加强全员育人思想价值引领，使全员育人数据更有效、更有价值。高校要通过使用受教育者网络思想政治平台着力构建家庭、学校、政府、社会合作合力育人的网络数据格局，用网络联结家庭、学校、政府、社会，用网络跨越受教育者家庭的地域，用网络采集共享受教育者的数据状态，分解承担的育人任务，共同行使受教育者网络思想政治管理的育人责任。

（二）整合教育"全过程"数据资源

教育是一个漫长又复杂的过程。一方面，要协调整合受教育者多年级教育全过程数据资源，为思想政治教育者接入相关受教育者网络全过程学习数据，关注受教育者的全过程数据，通过全过程数据调整与教育教学目标的差距，及时判断受教育者在学业过程中遇到的困难是个人的还是班级整体性的，如果是班级整体性的学业困难，则要与学校教务处沟通，如果是个人的学业困难，则要及时介入受教育者的学业指导工作。另一方面，要协调整合受教育者课程教育全过程数据资源，每门课程都要进行全过程数据管理，反映受教育者在课程的全过程的学习状态。通常高校教务系统记录的都是受教育者课程最后的分数情况，或是给予受教育者优秀、良、中、合格、不合格，以及缺少课程的每一阶段的课程记录，比如：上课的出勤情况、课上的表现情况、作业的完成情况、最后的考试成绩等，这些课程项目的全过程数据资源。课程的全过程数据反映的是受教育者的基础学习状态，对课程的各项目数据进行分析，找准受教育者思想行为的问题，给予及时纠正，可以帮助受教育者养成良好的学习习惯。

(三) 整合教育"全方位"数据资源

在互联网与新媒体背景下，受教育者思想行为动态的关联使数据在网络中呈爆炸式增长，在线上互联网衍生的新媒体有微信、微博、网络论坛、信息评论、抖音等形式，在媒体平台上都能发现受教育者思想行为的印记数据，有正能量的价值引导数据，也有负能量的情绪发泄数据，尤其是线上大数据的传播速度非常快，正可谓是"人人都有麦克风，人人都是自媒体"，线上思想行为的夸张表达很容易"吸粉"，粉丝在提高关注度的同时，还进行了转载再次带动"吸粉"，循环的自媒体信息传播模式使数据快速对焦和逐渐放大。线下受教育者教育全方位数据资源，一般是指高校利用校园内的广播、电视、校报、宣传栏对受教育者进行单向宣传引导产生的数据，其具有整体性、准确性、导向性的特征，但是其影响力不强、关注率不高，又由于受教育者的课余时间有限，大多是课间或是晚上时间充裕，习惯线上查询信息。因此，要协调整合受教育者教育全方位数据资源，在线上线下媒体融合的基础上汇成全方位数据资源，使线上线下数据资源相互支持、掌握舆情、快速传播，还可以使线上的受教育者非结构化数据转化成线下的结构化数据，为受教育者网络思想政治教育发展提供全方位的大数据分析维度，达到数据育人、管理育人，实现立德树人的目标。

四、大数据视域下高校网络思想政治教育创新思路

对于高校网络思想政治教育而言，认识大数据的目的在于应用大数据。只有付诸大数据应用的实践并接受实践的检验，才能不断地完善对大数据的认识，发挥大数据的价值，并对大数据带来的困境采取有效的应对策略。大部分人认为大数据技术具有一定的专业壁垒，自己的相关专业背景和理论知识较少，对相应的信息技术掌握也不够熟练，没有能力利用大数据开展研究和实践应用。诚然，对大数据的应用需要借助先进的信息技术，在对数据的使用规则制定方面，拥有权利的政府和拥有数据能力的数据公司显然占据着明显优势。但大数据的应用范围与前景不应被局限于此，大数据是可以为每个人进行一定程度上的服务和支撑的。要培养自身的数据应用意识，逐渐地培养使用数据的习惯。在大数据时代，人人都是自媒体，人人都有数据应用的权力，拥有数据应用意识，才能更好地维护自身的利益。高校思想政治教育者和受教育者同样要积极拥抱大数据、运用大数据，否则可能会失去与这个时代深度交往的机会，也将使高校思想政治教育与时代发展相脱节。在海

德格尔看来，虽然人在与世界相处的过程中具有反思能力和批判思维，但是当被"抛入"一种时代洪流中时，也很难抗拒。人未来学习、工作、生活、社交等方方面面都将朝着数字化的方向不可逆地进行快速发展，高校思想政治教育也要顺应这一发展的必然趋势，在思想政治教育中融入大数据应用意识，这样才能紧跟时代的发展步伐，更加契合人才的培养路径，提升高校思想政治教育的时代感和感召力。[①]

因此，大数据视域下的高校网络思想政治教育可以在以下五个方面进行创新。

一是推进高校网络思想政治教育观念变革，具体可以表现在数据化、精准化、个性化和协同化四个方面。观念变革就是要在人们已经形成的习惯性思维定势中，融入一种新的思维方式，使之符合社会发展的需要。高校思想政治教育观念变革是思想政治教育创新主体融合创新介体的功能特征，建立符合时代变化、反映时代特点和趋势的新思维，扬弃不合时宜的传统旧思维的过程。大数据背景下的高校思想政治教育创新，首先要将大数据融入高校思想政治教育当中，进行观念上的变革，才能更好地指导创新实践的开展。

二是优化高校网络思想政治教育的内容质量及施教模式。高校网络思想政治教育的内容质量及施教模式对其育人实效起着决定性的作用。在大数据背景下，为提升高校网络思想政治教育效果，合理运用大数据，需要对高校思想政治教育内容质量及施教模式进行不断的优化升级和适当调整。具体而言，首先是为了坚守高校思想政治教育的"守正性"，在内容结构上需要加强对马克思主义中国化最新成果的宣传，突出主流意识形态教育。其次是要对内容进行适当的拓展与调节，在运用大数据的过程中，需要数据素养的培育以及数据伦理和责任意识的养成，没有这些内容作为支撑，则很难推进大数据应用的深入发展。而这些内容靠外部输入的同时，也需要高校思想政治教育自身内容结构的优化，将数据素养以及数据伦理等内容作为高校思想政治教育内容结构的一部分进行融入和更新，才能更有力地支撑高校思想政治教育融合大数据创新。再次是要借助大数据技术对内容的实施方式加以改善和优化，以顺应时代的发展形势。

三是优化高校思想政治教育方法。高校网络思想政治教育方法是思想政治教育主体为了达成思想政治教育的某种任务而采取的各种方式、程序和手段的总和。方法的选择不是一成不变的，而是随着高校思想政治教育的时代

---

① 张瑞敏. 大数据背景下高校思想政治教育创新研究[D]. 上海：华东师范大学，2020.

环境变化和自身发展需求而不断优化的，这也是提升高校思想政治教育效果的关键。大数据为高校思想政治教育创造了新的境遇，使其内外生态发生了很大的变化，受教育者的思想意识、价值观念也出现了很多的发展特点。面对这一新形势，方法的优化对于将大数据有效融合于高校思想政治教育、推动高校思想政治教育的创新十分重要。

四是构建高校网络思想政治教育创新的大数据管理机制。大数据在资源的海量供给、对象的全面认识、要素的关联分析、动态的即时响应方面为高校思想政治教育创新提供了机遇。但是在融合大数据创新过程中，高校思想政治教育存在的对大数据重视不够、数据素养不高、数据共享不畅、数据伦理风险凸显等也是必须面对的问题，而这些问题的出现与高校思想政治教育创新的大数据管理机制不完善密切相关。由此看来，高校思想政治教育融合大数据创新的过程，既是一个对大数据运用的过程，也是一个对全过程进行计划、组织、领导和调控的管理过程。构建包括决策机制、运行机制和约束机制在内的完善的管理机制，是充分发挥大数据价值，助推创新实践顺利开展的重要条件。

五是完善高校网络思想政治教育创新的数据保障体系。为了保证高校思想政治教育创新活动正常、有序、协调、持续地开展，思想政治教育工作系统高效而和谐的运转，必须建立健全保障体系。不仅要补足技术短板，强化数据资源的供给和数据处理能力的提升，还要完善大数据人才保障，建立一支既懂思想政治教育又懂大数据技术的研究实践团队；同时还要从伦理方面提供支持，化解大数据运用过程中的伦理风险，保证高校思想政治教育的伦理属性。

第三节　高校网络思想政治教育数据伦理安全

近年来，大数据技术快速进入到高校思想政治教育全过程中，并有逐渐扩大趋势，高校传统思想政治教育的模式发生了颠覆性重构，其内容生产方式和主客体互动形式发生了深刻变化，教育行为发生和感知的空间、时间壁垒进一步被打破。大数据技术助力高校思想政治教育的精准化程度和现代化效度显著提升的同时，其自身存在的隐私安全和伦理道德问题引发了社会的广泛关注。

一、高校网络思想政治教育数据伦理安全现状

（一）国家重视个人隐私安全监管

教育数据作为中国大数据发展的关键研究内容，其安全性问题也越来越

引起社会各界关注，而目前我国也在逐步探索大数据下中国公民权利的保障机制，已颁布了《中华人民共和国民法典》《中华人民共和国网络安全法》《中华人民共和国个人信息保护法》等法律，出台了《法治社会建设实施纲要（2020—2025)》《网络信息内容生态治理规定》等管理措施，对教育数据采集、分类与使用进行了有效管理。

2019年，在国家教育部的新闻发布会上，针对全国高校生物信息征集问题，教育部科技司司长雷朝滋表示，"能不采就不采，能少采就少采，尤其是涉及学生个人生物信息，对于人脸识别或者肢体识别的教育App加以限制和规范，同时我们希望学校慎重使用"[①]。

《儿童个人信息网络保护规定》（以下简称《保护规定》）已经由国家互联网信息办的部务会议审核并批准通过，将自2019年10月1日起施行。其中规定，网络经营人对收集、使用、传播、公布儿童个人信息的，应当以具体、清晰的方式告知儿童监护人，同时还应当征询其同意。《中华人民共和国网络法》第四十一条也明确规定：网络经营人获取、使用儿童个人信息，应当遵循正当、公开、必要的途径，公开获取、使用方式，明示收集、使用儿童个人信息的目的、方式和范围，并经被获取者同意。[②]

不过，在数据采集过程中所获得的学生的人脸、表情等信息，其正当性和必要性都大大存疑，很可能也就违反了"合法、正当、必要的原则"。此外，第四十一条还规定：网络经营者不得提取与其所进行的经营活动无关的个人信息，也不得违反法律、行政法规的规定，或者通过双方的约定收集、使用个人信息，并有权按照法律、行政法规的规定和通过双方与使用者之间的约定，处置由其所保存的个人信息。

网站运营者在征求意见时，必须同时提出拒绝选项，并具体告知获取、保存、利用、传递、发布儿童信息的目的、方法和范围，包括对个人信息保存的地址、时限和到期后的处置方法；对儿童信息的安全保护；拒绝的处理结果；申诉、检举的途径和方法；修改、撤销儿童信息的渠道和方式等事项。

2019年，由教育部、国家网信办、工信部、公安部、民政部、市场监管总局、国家新闻出版署、国家"扫黄打非"行动办等八部门联合发布《关于引导规范教育移动互联网应用有序健康发展的意见》，作为中国在国家范

---

① 教育部科技司.校园推广人脸识别技术应谨慎,将限制和管理[EB/OL].(2019-09-05)[2023-05-10]. https://www.thepaper.cn/newsDetail_forward_4343255.

② 国家互联网信息办公室.儿童个人信息网络保护规定[EB/OL].(2019-08-23)[2023-05-13]. http://www.gov.cn/xinwen/2019-08/23/content_5423865.htm.

围发布的首个全面规范学校 App 的监管措施,其中明确指出获取个人信息应贯彻最小化原则,大范围的数据必须经过各学校领导联合调研和审核。从第三方 App 中获取个人信息后,需与学校形成安全共识,且不得向用户要求再次提交个人数据。严格控制使用个人生物识别技术,该方案在深入调查基础上,确定了 App 的控制要求,从内容控制、管理和安全防护的角度,划出了红线。①

从国家教育部和有关主管部门的表态中可探知,目前我国官方已经开始对人脸识别、生物指纹识别技术进校园这一趋势表示警惕,而不少国家官方机构也开始对大数据分析和 AI 技术所带来的信息安全、伦理难题,进行了倡议和规范。

(二)数据应用场景不断丰富

就高校思想政治教育工作来说,了解大数据的主要目的是运用大数据,但只有付诸大数据所运用的实际情况并受到客观现实的考验,才能不断地完善对大数据的理解,并充分发挥大数据分析的作用,从而对大数据分析中产生的问题采取相应的处理方法。常见的实际应用场景可参考以下三个方面。

1. 特定群体:画像分析

大学生画像,是以大学生在思想政治教育活动中的思想动态、行为特征等大数据分析为基准,把现实社会人抽象描绘出的虚拟大数据人,是高校思想政治教育精准供给的重要前提。近年来,也有部分国内外高等院校开展了对学生大数据分析图像的深入研究。比如,复旦大学通过对特定人群中的学生成绩进行大数据挖掘,找到了源自不同地域、不同背景的学生成绩的显著区别。而清华大学也开展了对优秀学生成长追踪,观察学生个性发展路径的调研。

通过刻画数字学生画像,发现学生发展轨迹,能够有助于老师和学生自身形成较为全面的了解,精确定位异常群体,为学院对学生实施个体化与精细化的教学管理和咨询服务提供基础。

2. 特定特征:指数分析

根据教育理论与实践经验,研究人员制定了学习态度指数、学习拖延指数、自学能力指标等一些体现学生某一特点的指标,从而定量分析他们在哪一方面的特点。通过数据的纵向跟踪与横向对比,找到数据与结果的关联,

---

① 教育部等八部门.关于引导规范教育移动互联网应用有序健康发展的意见[EB/OL].(2019-08-15)[2023-05-10]. http://www.moe.gov.cn/srcsite/A16/moe_784/201908/t20190829_396505.html.

以便合理确定学生的潜在问题及发展潜力，让思想理论教学更为有效化。

3. 特定事项：预警分析

学业和心理是大学生问题高发领域，应利用网络思想政治教育数据构建动态预警模型。对可能存在学业困难、心理困难的学生进行动态预警。进而针对某一学生群体或个人，通过专题研讨、讲座走访、"一对一"、心理咨询、分享会等不同方式，开展形式多样、针对性较强的文化教学帮扶方式，从而增强其对日常文化理论教学的前瞻性与实效性。

（三）数据应用市场化程度显著

在大数据分析的形成过程中，促使大数据分析迅速成长的力量经过了由政治力量向商业力量的转化过程。数据积累起初来源于国家管理的需求，对人口、耕地、土地资源等自然要素的数据主要由公共权力机关进行，但在今天对数据的收集则主要由商业机构和商业利益者促进。

据使用场合分析，目前在我国教学大数据分析的运用大多聚焦于学生自适应学习、课程精细化教育等方面，典型代表有智慧学伴、论答、极课大数据分析等。就使用范围而言，目前中国高等教育大数据分析的使用大多集中于高等教育和K12教育领域。

表 5-1　中国教育大数据应用分类及典型应用[①]

分类	典型应用	关键技术	应用范围
自适应学习类	智慧学伴、论答	学科知识图谱、学习者画像、个性化推荐	K12
作业答疑类	作业帮、学霸君	公式识别、表格识别、图像识别、自然语言处理	K12
语言学习类	英语流利说、百词斩	语音识别、实时语音评分技术、写作打分引擎	高等教育、K12
题库测评类	猿题库、学霸君	深度学习、知识图谱	K12
课堂教学类	极课大数据、智课	图像识别、自然语言处理	高等教育、K12
情感关怀类	电子科大寻找最孤独的人、南京理工大学利用大数据为贫困生饭卡充值	情感分析、决策树分类	高等教育

据 IDC 数据显示，2021 年中国大数据产业市场规模约为 110 亿美元，按 1.96% 的比重测算，2021 年我国教育大数据市场规模约为 2.156 亿美元。2021 年，教育部从线上线下的综合教育、互联网思想政治教学、智慧

[①] 资料来源：前瞻产业研究院。

体育课程三种教育信息化教学应用方式中遴选出不同教育应用方式的经验共同体，进行教育数字化教学应用方式的试点和探索，并建立在一个完善的、可借鉴、可示范的教育信息化支撑下的网络信息化教学模式、课程结构形态上的经典个案，以探索开展网络数字化教育应用的长效机制。教育信息化是基础教育大数据的基石。

表 5-2　中国教育大数据共同体项目

序号	应用模式	省份	共同体项目名称	牵头单位
1	线上线下融合教学	河北	校本资源库支撑下的线上线下融合教学	石家庄市裕华区教育局
2	线上线下融合教学	黑龙江	同步异步集合现场远程融合的跨校教学共同体	哈尔滨工业大学
3	线上线下融合教学	重庆	基于"名校网络课堂"的跨区域教育均衡发展共同体	重庆市巴蜀中学
4	智能体育教学	广东	智能体育学生数据分析与教学应用实践共同体	深圳市福田区教育科学研究院附属小学
5	智能体育教学	湖北	智能体育与考评云平台教学应用实践共同体	襄阳市教育装备中心
6	网络思想政治教育	山东	"文化＋网络"双赋能的数字化思想政治教育教学资源库	济宁职业技术学院
7	智能体育教学	安徽	合肥市智慧体育的研究与应用	合肥市包河区教育体育局
8	智能体育教学	上海	数智化体育教学与科学评估应用实践共同体	上海体育学院

目前我国布局教育大数据业务的主体主要包含 AI 大数据模型与教育、大数据服务商、新兴创业型教育大数据企业、大型互联网企业、传统教育信息化企业以及其他或转型或布局的企业五大类，代表性企业包括三盟科技、光大教育、腾讯、阿里等。

表 5-3　中国教育大数据行业代表性企业

企业类型	代表性企业
AI 大数据模型与教育	科大讯飞、有道、学而思等
大数据服务商	科大讯飞、拓维信息、鸿合科技等
新兴创业型教育大数据企业	三盟科技、光大教育、希嘉教育等
大型互联网企业	腾讯、阿里、百度等
传统教育信息化企业	佳发教育、全通教育、三盛教育等
其他	新东方、早易科技、前程似锦等

二、高校网络思想政治教育数据伦理安全现存问题

（一）数据安全保障体系存在滞后性

数据的法度，是指收集、使用和管理数据必须以满足法律法规为主要前提。"如何处理好法律的稳定性与与时俱进性之间的关系，是考量立法者的理性和智慧的最大问题。"

长期以来，在我国的《宪法》《民法通则》《刑法》《刑事诉讼法》《民事诉讼法》等国家根本法和基本部门法中都作出了个人信息相关范畴的法律规定，对个人隐私的保护规定从而引申出对个人信息的保护，但随着大数据背景下具有可识别性的个人数据越来越多，我国开始重视对个人数据的法律保护，关于个人数据保护的立法工作也在积极推进中。比如贵州省2019年10月实施的《贵州省大数据安全保障条例》，这是我国第一个专门针对大数据发展中个人信息面临的安全风险进行规制的地方性法规。这些立法对维护与个人隐私权相关的法律规定作出了保障，使得目前在对与个人隐私权相关数据的保护上已经初见效果，但这仍仅仅算是在漫长的信息发展路径上的最后一步。但总的来说，因为在目前立法中对个人信息的保护上均有涉及，且这些规定也分散在众多立法之中，因此已经呈现了信息技术相对薄弱、部门化的特点，而无法对信息进行系统性的保护，所以在现实运用上很可能也不会达到所预期的效果。

（二）数据伦理责任分配不清

首先，因为缺乏伦理道德知识，思想理论中的内容使用单位并不了解伦理责任的内涵，在平时教学、科研工作以及日常生活中没有注意培育自身的伦理责任意识、伦理负责感，从而造成了伦理责任能力的不足。

其次，由于思想政治教育大数据的实施过程堪比一个项目，多阶段多过程、牵涉技术多、组织架构庞大，思想政治教育大数据中的责任主体往往成为一个共同体彼此合作，并加以分配，各责任主体根据上级指示的要求去分担部分责任，从而导致人们无法判定对伦理风险负有什么样的责任，也就很难判断伦理问题的主要责任者究竟是个人还是团体。因此，即便可以判断责任人所承担的责任，也极易发生互相推诿式扯皮的现象，也常常出现由于要受到司法甚至道德方面的处罚，而发生相互责任推诿的情况。在这种过程中，没有人愿意为伦理风险所产生的结果承担，又或是具体负责人愿意承担责任，但面临重大的责任损失而没办法承受。

最后，如果在教育技术推广、应用的阶段，教育科研人员要是与技术用

户之间不能保持紧密联系，那么对教育技术在应用中存在的问题也就不能及时进行调整，也就无法帮助教师们更好地承担教育技术嵌入。

（三）高校思想政治教育对象自我保护意识淡薄

思想政治教育对象的隐私权，主要反映为对个人隐私问题及其关注程度的知觉。而随着智慧终端技术发展及其对社会各种领域的逐渐渗入，个人隐私曝光渠道也将变得更加分散与隐蔽，因此思想政治教育对象也常常由于隐私权意识的缺失，而主动暴露了自身隐私内容。但不同个体对个人数据的人身敏感性程度也不同，如某些思想政治教育群体只关注到了个体自身的基本数据，如姓名、年龄、身份证号码、手机号码等自身的隐私数据，而忽略了在人际交往活动中所产生的个人各种行为数据，如消费信息、网络浏览信息、网游账号等个人隐私数据。高校的思想政治教育对象多为年轻人，但因为其对隐私的掌握水平极为局限，对自身隐私的获取和使用过程也缺乏必要的了解。当思想政治教育对象在隐私权意识偏差、保护能力不足的情况下，就很容易错误判断对自身隐私权的控制力，对隐私权维护就会陷入完全被动状态，从而导致隐私权保护行为的失败。

三、高校网络思想政治教育数据伦理安全问题的应对策略

大数据技术在高校网络思想政治教育中的应用应是安全、合法、合乎伦理的，是以加强人才培养和提高教育质量为目的的。

（一）明确和坚守工作道德底线

1. 法律禁止者不可为

大数据技术在普通高等学校思想政治理论教学中的运用应是客观正确、符合教育伦理基础的，并以提高人才培养质量和改善教学效率为目的的。即以大数据技术的运用不影响教师利益和有利于师生的伦理基础为衡量教师预期利益和可能危害的主要依据。坚守伦理道德底线就是要掌握好信息收集中的底线、信息利用中的底线和信息取舍中的底线。因此，不要利用偷拍、设置后门、黑客侵入等非法手段来收集信息，而是要采用正当手段，尽量获得当事人许可才进行。在使用大数据工具时，要始终把人当作服务对象和目的而非手段。

2. 获取数据需授权

根据《中华人民共和国民法典》《中华人民共和国网络安全法》《中华人民共和国个人信息保护法》等法律法规的明确规定，学校未经批准获取学生个人生理或行为数据是不合法的，而与此同时，高校私自获取学生个人数据

的行为也已经不合乎网络信息产业内部规范。学校作为高校思想政治教育阵地，更要增强主体意识，尽最大可能地避免获取与使用学校的学生个人数据，以保障高校思想政治教育工作的纯洁性和正当性，并由此奠定了当前高校思想政治教育工作的价值共识基础。

高校思想政治教育工作者要合理使用大数据技术，提升自身发现问题和解决问题的能力，遵循学生个人成长规律和基本教育活动规律，即要提升自身数据素养，又要杜绝对大数据技术的绝对依赖。

3. 充分尊重个人知情权

大数据时代，数据相关的伦理道德与传统数据处理时代截然不同。在传统数据处理时代，数据全部依靠人工进行主动收集、归纳和分析。数据在收集时，提供数据者有足够的知情权，了解自己的数据是如何被采集的，用于何处。而在大数据时代，数据由智能设备自动采集，数据提供者在无意识的情况下提供了海量的个人数据信息。例如，在网上聊天的聊天记录，在互联网上形成的各种访问信息，还有在学校宿舍、图书馆中的刷卡记录，在学校食堂、商场中的消费记录，在学校交通工具的乘坐信息等，都是可以在不知情的前提下被获取和保存下来的。所以，人们在个人信息获取、使用和管理上都必须要明确不可触及的基本社会伦理边界，以及所必须遵循的基本社会伦理道德原则，以保障自己和他人的基本人权和隐私权不受到任何侵犯。

在充分尊重学生个人隐私权和知情权的基础上，学校如有迫切科研需要和实际工作需求，采集、归纳和分析学生个人数据之前必须经过学生个人明确同意并授权。

（二）完善数据隐私保护制度体系

在运用大数据加强高校网络思想政治教育的同时，要将数据隐私保护进行明文规定，修订纳入师生纪律管理办法中，以此来教育和警示师生维护数据隐私安全。

首先，大数据对个人数据的多次开发与使用，让之前的个人隐私告知与许可制度失效，规章制度的约束得要贯穿涉及数据"采""用""存""删"等每一个环节。对于敢动数据歪脑筋、坏想法的任何人，不论是数据的采集者、挖掘者，还是存储者、使用者，必将严惩之，且有明确的条文规定作依据。大数据的先进性还在于能做到对数据的持久保存，其潜在的含义就是受技术限制目前也许不能完全挖掘或破译的数据，未来一旦"解码"，必然会对个人隐私带来安全隐患，甚至是伤害。那么，在建立健全数据隐私保护立法时，就要考虑相关条款设置的周全性和周密性，诸如对数据的"销""存"

的限定等，才会真正做到将当事人的权益放在第一位。但这还远远不够，大数据还要进一步实现有序发展。

其次，还应发布明确的数据使用规范等相关文件，以确保数据存储的信息不丢失、不被篡改、不泄露，这是对个人隐私数据保护的一个基本底线。

此外，还要加强思想引领和正确的隐私观引导。每一个人都有自己的隐私，那么就存在其对隐私的态度、观点和看法，即个人的隐私观。它也是引发隐私问题的一个因素。正如前面所讨论到的，大数据会带来个人隐私问题的风险，这是无法回避的。社会中主体隐私意识的逐步增强是社会的进步，在法制建设不断完善过程中，调整隐私观，也是一条充分体现了维权意识、柔性表达提醒和减少或化解矛盾的一种积极解决方案。需要承认的是，面对个人数据隐私问题，当事人的选择权并不占优势，甚至还表现为弱势。调整隐私观，既是一种观念与时代的适应尝试，也是在"不尽人意中"不断寻求更好的保护方式，甚至在网络的舆论中还能达到"以弱胜强"的效果。利益与风险并存，总体来说，在法律还没有跟上技术发展和应用的步伐的时候，信息风险的预防和降低更多地需要靠自己。大数据技术的不断升级和完善，"裸身人"的出现更会成为现实可能。技术是为人所握的，是为人所用和服务的，不是"限制""异化"人的工具。人的隐私、自由在技术的发展中，受到侵犯并不是技术本身使然。

（三）积极探索大数据伦理安全实践准则

对已发生和已出现的伦理现象展开多领域研究，是以多领域视角实现在价值问题上的一致，是探讨和发现大数据伦理学的原则与途径的基础。

首先，确立透明的原则有利于提升大数据使用的使用效能，减少司法与道德风险，有利于建立契约上的事后处理体系。要充分让政府部门、院校、企业、高校教师等利益相关者全面参与大数据分析框架的顶层设计与开发流程，知道高校教师必须维护什么程度的信息安全。在数据收集与应用中，充分征询广大学生的建议，以增强信息收集与应用流程的科学性、透明度、民主性。

其次，确立大数据产品用户的权力、责任与收益对等原则。享有大数据产品的开发与使用权益的使用者，就必须对用户提出高标准的利益要求，其权力以及相关的利益要求也必将为用户提供一定的收益报酬。若是大数据的使用者权力过大，则可能擅自窥探、盗取或者利用了他人的大数据或者个人信息，却又不担负相关责任，这必造成权力滥用之灾。同理，若是责任大过自身所获得的权力，就可能导致大数据的使用者在自身权力以外的自由寻租,比如倒卖大数据,或者使用大数据进行更为恶性的违法犯罪行为。

再次,必须确立平等尊重原则。在市场环境下,信息与技术确实是一场等价交换。在开发和应用大数据技术中,要充分考虑信息采集者、数据服务提供者和信息被采集者和大数据服务享用人之间的利益联系,在信息平等公开,以及尊重人的独立性和自主选择权的原则基础上,确立平等信任的信息等价交换原则。在高等学校大数据技术应用中,应尽力减少并消除信息采集与被采集者之间的大数据裂沟。

第六章　高校网络思想政治教育机理呈现方式

互联网信息技术高速发展，媒体多元化程度不断提升，高校网络思想政治教育要跟上时代发展潮流，抓住技术发展机遇，不断创新和丰富教育形式，在最大程度上提升教育内容的亲和力，激发受教育者的学习主动性，最大程度发挥高校网络思想政治教育的优势。本章主要介绍微视频、动态图标、思维导图、虚拟仿真、严肃游戏和数字教材等不同教学形式的含义、应用机理以及设计流程，为吸引和督促受教育者积极参与高校网络思想政治教育过程提供创新思路。

第一节　高校网络思想政治教育微视频

一、高校网络思想政治教育微视频含义

微视频在高校网络思想政治教育中是指一种利用微型视频形式进行教育的手段。它是在互联网和大数据的背景下，为适应受教育者的学习习惯和需求而发展起来的一种教育形式。微视频通常由短小精悍的视频片段组成，时长一般在几分钟以内。它的特点是内容简洁、形式生动，能够迅速引起受教育者的兴趣，容易被接受和消化。在高校网络思想政治教育中，微视频可以被用来传达思想政治教育的主题和内容，以便更好地引导受教育者形成正确的世界观、人生观和价值观。

以微博为代表的"微动力"促进了"微时代"的快速发展，"微"已置身应用于各领域，如微营销、微广告、微电影、微小说、微系统等。在教育教学领域，学习方式、学习资源亦受到"微时代"的影响，进入微时代。微视频作为微时代学习媒体技术高度发达的资源产物，可作为智慧学习的重要资源，满足受教育者入境学习、泛在学习和个性化自订步调学习的资源需求。微视频以视频为主要载体，以一定的组织关系和呈现方式共同"营造"

了一个半结构化、主题式的资源单元应用"小环境"。

微视频独具光影传播魅力,是网络思想政治教育的重要载体。根据视频资源的兴起背景、应用模式和载体,其演变与发展大概可分为三个阶段,每个阶段的核心资源代表分别为教育影视资源、网络视频资源、微视频资源。此外,资源的获取途径变多,受众范围变广,应用越发灵活,其制作及应用的相关技术亦愈发丰富。

(一)教育影视资源

教育影视资源——教育电影视频,最早期的教育应用形式是 20 世纪初的教育电影。1902 年,查尔斯·厄本(Charles Urban)在伦敦第一次展出关于植物生长、蝴蝶蜕化、昆虫飞行、海底世界等主题的教育电影,当时的教育电影已具备慢动作、微观显示和海底景观等特技效果。托马斯·爱迪生(Thomas Edison)是早期制作课堂展片类教育电影资源的先驱者之一,他非常认同教育电影的可行性以及其光明的应用前景。

20 世纪 20 年代末,有声电影的出现是教育电影历史发展的重要时期。当教育者逐渐认同无声电影的优点时,有声电影迎来了其发展和推广的浪潮。此时,公司、学校积极投身于有声电影的制作。在第二次世界大战中,大规模制作教育电影并利用教育电影进行军队培训成为政府重要的指挥政策之一。教育电影可为学习者提供生动的视觉形象,使抽象的概念以具体的图像呈现,虽较少重视教材的管理和评价,但它对 20 世纪初视觉教育的推广发挥了重要作用。教育电视主要依托于电视台的教育节目,始于 50 年代中期,美国联邦传播委员会指定部分电视台安排专门频道制作教育节目用于教育教学,随后在英国、法国、意大利以及以中国为代表的发展中国家迅速兴起。

在全世界已成立电视台的国家中,绝大多数都开办了教育电视节目。其中,20 世纪 60 年代的教育电视节目主要分为两大类:一类面向学校,作为正式课程的一部分;另一类面向社会青年和成人,以提高科学文化水平。70 年代卫星教育电视得到大力的推广与应用,电视教育逐渐走向成熟。教育电视节目的受众面遍布于各职业、各年龄层,如受教育者、厂工、农民、幼儿、老人等;其内容亦多样化,如普通教育、职业训练、知识扫盲等。随着卫星技术的发展,基于教育电视资源的教学成为早期远程教育的重要模式。以国家农村远程教育工程项目为例,中西部地区县以下学校的远程教学采用三种传播模式,其中两种是基于电视的远程教学。可见,教育电视资源是网络学习发展成熟之前的重要学习资源。电视类视频教学资源主要通过实录拍摄，进行广泛传播。如今，教育电视节目向着数字化、网络化方向快速发展，其传播渠道广泛，载体形式多样，且对多种媒体进行组合应用。

（二）网络视频资源

网络视频是网络教育的重要组成内容，其早期的主要资源来自MIT开放课程资源中的课堂录像。随着开放教育运动的发展以及网络课程的应用，网络视频得以广泛地开发和运用。以我国网络视频发展来看，其最初主要依托于精品课程建设项目。通过高校的平台，开发精品视频公开课，为受教育者免费提供网络视频资源。网络视频主要通过实拍和录播制作。随着无线传输技术的发展和智能学习终端的应用，其应用载体由单一的Web平台走向多元化。由于网络视频的传播途径多元化、易得化、便捷化、大众化，其受众范围相比于教育影视资源更广。网络视频的设计、开发与运用见证了远程网络教育的发展，是实现技术与教学相融合、技术促进教育教学的有效体现。

（三）微视频资源

终身学习理念促使学习者的学习方式走向多元化，并逐渐偏向于非正式学习。在学习模式走向移动化、微型化、碎片化之时，学习资源内容面临着新的挑战。传统大单元、大容量的课程资源已无法满足学习者的需求而逐渐走向微型化、移动化，此时学习资源的改革势在必行。[①]

近年来，平板电脑销售量逐渐超过台式电脑的市场趋势，大大刺激了视频市场的增生。在线视频在过去三年的使用率已增长22%，使用视频的时长已增长近80%。事实上，在人类的众多感官通道中，视觉是人类感觉系统中最占优势的信息来源。人类的天性是偏向于可视化内容，视频能使人们以真实的方式参与，且参与程度高。此外，视频可以利用较短时间呈现大量的信息内容。因此，视频作为最具交互性和视觉冲击力的资源，不仅可作为市场策略，只要运用合理，亦可有效提高在线课程质量。此外，学习媒体技术的发展、移动智能终端的普及应用，以及教育资源云的架构为微视频资源应用提供了环境支持，是促使其兴起和应用的动力因素之一。移动技术的发展促进了移动智能终端的普及应用和移动学习环境的建构。基于资源微型化的需求、视频资源的优势，以及学习技术和环境的发展、延伸，微视频资源成为多领域机构和不同群体青睐的资源。微视频资源是网络视频资源的"升

---

① 张玮,贾若.微课程视频评价指标相关元素研究[J].青年与社会,2019(12).

级版",相较于网络视频课程,它有着多元化的应用载体、广域化的学习受众、多样化的应用情境,微型化特性使其成为在线教育的重要资源。

二、高校网络思想政治教育微视频的应用机理

近年来,教育信息资源建设观念从早期重点辅助教育者的"教"到关注受教育者的"学",资源库的形态由重技术开发型、实体化的课堂教学资源库向互动生成性、虚拟化的智慧资源库转变等。[①] 然而有认识观念而无实践运用,适用性、实用性和可用性教学资源依然匮乏。"边际效应递减"理论显示,决定资源应用的效益在于能否实现最大效度的实用性,即能否满足用户的"适需使用、适时使用、适量使用"。在教育从"遗传性"走向创新性的趋势下,学习模式走向班级差异化教学、小组合作研究性学习、个人兴趣拓展学习、网众互动生成性学习。微视频资源可作为信息化教学的内容资源、"云教学"的自学资源、个体差异化学习和自定步调学习的支持性资源等,为受教育者提供易用、易得、适用、实用的学习资源,为教育者提供优质的教学辅助资源,为学习模式的创新运用提供有力支持。此外,微视频资源粒度容量和结构的特性,有利于开发面向泛在学习的微视频资源系统,以实现受教育者对资源的适时性和易得性需求。从面向学习对象的设计到学习元的研究,无不体现人们提高资源的重用性、共享性、易得性、可用性等以实现资源的生成进化和智能适应、建设优质信息资源库的愿景。基于知识组块/知识点的微视频课程资源易于实现视频课程资源的重用和再生,便于使用者对目标性资源的获取。如今,基于知识内容表征的图片资源内容库已得以应用。基于嵌入式系统和信息系统的微信息系统可与泛在知识发现系统相结合,实现粒度信息的提取以及信息到知识的转变,提供泛在的知识内容。因此,在泛在计算、关联推送技术、云计算、协作式的智能过滤等技术支持下,可建设基于微视频网络化、关联化、泛在化的知识资源系统。

在高校网络思想政治教育中,微视频的应用机理可以从以下角度进一步分析。

(一)视觉吸引力

视觉吸引力是指微视频在高校网络思想政治教育中利用生动的视觉形式来吸引受教育者的视觉注意力。这是一种重要的应用机理,通过图像、动

[①] 艾坤,祁芳,易细芹,等.资源需求型智慧教育模式在康复评定学教学中的应用[J].中国中医药现代远程教育,2021,19(1):37-39.

画、视频等视觉元素，使微视频更具吸引力，激发受教育者的兴趣，让受教育者更好地理解和接受教育内容。

通常人们在观看微视频等影视类作品时，有着较为明显的视觉习惯。人们通常习惯于从大到小，当画面呈现出大小不一的内容时，往往会先关注到大的对象，其次注意到小的对象，基于这一机理，在日常思想政治教育课程设计常有体现。例如，思想政治教育类课程课件将重要的信息放大加粗，以达到更好的视觉效果；思想政治教育类书籍将标题加粗，以吸引读者眼球。这提醒我们在设计时，应该将重点、难点的信息元素放大，次要信息放小，达到主要内容突出，内容结构鲜明清晰的作用。

同样的，由动到静也是非常鲜明的习惯特点。在同一画面中，人们更容易注意到动态元素，例如在课件中置入动画，可以更好地吸引受教育者，但当动图较多时，注意力将被分散，以至于获取全部信息较为困难，因此在课件设计时，动态元素独立可更好的传递关键信息。

色彩也是视觉习惯中极其重要的一部分，色彩鲜艳的元素更能引人注意，可以利用此点，将更为关键的信息赋予鲜艳的色彩，并将其余信息用灰、白色调低调化处理。

在高校网络思想政治教育微视频创作板块，基于此类视觉习惯，融入丰富视觉元素，能帮助创造具有良好视觉吸引力的微视频库，以达网络育人的效果。

（二）信息丰富

微视频持续时间较短，大多在30秒到10分钟之间，在实际制作中可根据内容信息而调整，富有时间短而内容精的特点。在高校网络思想政治类微视频中所传达的信息量庞大，内容涵盖广泛，或者在视频创作时表达得很深入，这种微视频可能采用了紧凑但生动的方式，通过图像、声音、文字等多种元素来传递丰富的信息，让受教育者在短时间内了解到更多内容。基于这种短而精的特点，避免了思想政治教育工作中有限时间的简单堆积，能对思想政治教育课堂植入更加有针对性的教学。

（三）碎片化学习

随着互联网和数字技术的飞速发展，信息爆炸性增长成为现实。高校受教育者更是爆炸式的接受信息，每天面临着大量的信息和内容。智能手机和平板电脑的普及，使得受教育者可以随时随地通过移动设备接触学习资源，加之受教育者学习的碎片化时间增多，当在通勤、休息、排队等碎片时间里无法进行长时间的学习，直接导致受教育者习惯于利用碎片化时间获取知识。他们希望能够根据自己的兴趣和需求选择学习内容，自主决定学习的时间和地点。社交媒体平台的兴起，如微博、抖音等，使得短视频、微博文章等碎片化内容的传播变得更加便捷。碎片化学习适应了这种社交媒体环境，更容易在社交平台上分享和传播。碎片化学习成为一种适应现代学习需求的教育和学习趋势。它通过短小、紧凑的学习资源，满足受教育者碎片化时间学习的需求，并允许个性化学习体验，提供了更加灵活、便捷和高效的学习方式。

（四）形象易理解

微视频作为一种新型的视听传播方式，通过短时、碎片化的表现形式，富含丰富的知识与思想，轻松吸引高校受教育者的注意力。微视频可以通过图像、声音、文字等多种元素相结合，展现出丰富的视听效果，调动了受教育者的感官，相较于传统的文字传播方式，微视频能够更为直观地表达抽象概念，帮助受教育者深入理解学习内容，使得知识更加易于接受和传播。

三、高校网络思想政治教育微视频设计流程

随着社会的不断发展，微视频作为一种新型的传播方式已经深入生活学习的各个方面，它以其吸引力强、短小精悍、便于传播等特点，迅速得到了广泛关注。作为高校网络思想政治教育的手段，利用微视频进行教育已经具备了一定的实践基础。为了更好地利用微视频这一优秀的媒介手段，下面将详细介绍高校网络思想政治教育中微视频的设计流程。

（一）微视频素材的收集与筛选

1. 源于现实生活、社会热点的素材收集

微视频的素材应该脚踏实地，紧贴现实。因此，从日常生活及社会焦点事件中寻找思想政治教育相关的素材显得尤为重要。这些素材通常具有很高的实时性和相关性，能够借助于具体事件，引导高校受教育者从中领悟到深远的思想品德逻辑和社会责任感，以培养高校受教育者做一名关心时政、热爱社会的有志青年。近期时政热点、社会热点事件的报道、校园生活中的优秀案例，都可以成为微视频的素材。

2. 适合思想政治教育的筛选标准和方式

在素材筛选过程中，明确筛选标准，能确保思想政治教育类微视频符合教育目标。从思想政治教育机理的角度出发，筛选出具有一定思想启迪和教育指导意义的素材。可以关注具有爱国情操、集体主义精神和社会责任感的

典型事例，例如时代楷模、感动中国十大人物等。并且要充分考虑高校受教育者群体的特点，特别是受教育者的年龄、性别、兴趣等因素，确保所选素材能够结合受教育者特点引起共鸣，提高教育的吸引力。同时，还需要考虑素材的可视化呈现能力和表现能力，优选具有较高视觉冲击力的素材，如鲜明的照片、生动的实况录像等，能极大地提升教育效能。

（二）微视频内容的设计与创作

1. 基于网络思想政治教育需求的主题确定

在网络思想政治教育微视频的设计与创作中，主题的确定是至关重要的第一步。主题的选择应基于思想政治教育的各项需求，以实现微视频教育的目标，要紧跟时代需求、符合国家政策、契合受教育者兴趣等，以确保主题的有效性和实用性。可以通过开展问卷调查、深入访谈等方式，了解受教育者对网络思想政治教育的期望和需求，以便更准确地确定主题；结合国家和地区的教育政策，从中找到与网络思想政治教育相关的主题，以满足政策导向的需求；结合不同学科的理论和实践，探讨与网络思想政治教育相关的主题，以提供多元化的研究视角。

2. 内容逻辑框架的构建

构建内容逻辑框架的目的是实现特定的教育目标，如培养受教育者的思想政治素养、塑造正确的价值观等。因此，在构建内容逻辑框架时，需要确保内容与教育目标相一致，使受教育者能够真正受益于这一教育过程。同时，良好的内容逻辑框架需要有清晰的层次、条理的组织结构，使受教育者能够理解各个知识点之间的关联和逻辑顺序。通过合理的组织和结构，能够帮助受教育者更好地掌握和应用所学内容。在实际设计中，可以通过调研和分析受教育者需求，及时获取受教育者的反馈意见，以便根据实际需求进行内容逻辑框架的构建，并结合思想政治教育课程设计和教学实践，从课程目标、知识体系等方面设计内容逻辑框架，不断地改进和优化教育内容。在实际教学环节中，可利用多媒体技术和网络资源，增加互动性和趣味性，提升受教育者的参与度和学习效果，支撑内容逻辑框架的构建。

3. 形式与技术的选择与运用

微视频作为一种新型的通信方式，其形式多样化，技术运用丰富。由于微视频的时长较短，为了在短时间内准确而有效地传达信息，需要简练且到位的表达方式。同时，为了吸引观众的注意力，凸显主题，还需要运用丰富多样的表达技术。现行常用的表达形式有动画、实景拍摄、图文结合等。具体选择哪一种或几种形式，取决于主题内容和传达目标。此外，需要注重声效、光效与色彩等方面的运用，通过视听的双重体验，增强信息传递的效率和效果。在技术方面，可以运用剪辑、动画制作以及特效等技术来提升视频的表达力。

第二节 高校网络思想政治教育思维导图

一、高校网络思想政治教育思维导图含义

随着数字信息时代的来临，所需学习知识量的增加，传统的思维方式难以满足人们的需求。按照以往的传统思维方式，很难满足短时间内学习大量知识的需求，有些受教育者与其他人花同样的时间来学习，甚至花更多的时间，然而获得的效果却不理想。这往往不是智力造成的差距，而是因为思维方式的不同，从而影响了知识的获取量，最终导致了分数上的高低差距。

通过研究，英国人托尼发现只需要简单地把词汇和色彩这两种元素结合在一起来记笔记，就可使记忆效果提高一倍。然后，托尼又用该方法尝试辅导一些在学习上被认为是"无药可救"的"问题小孩"，借助于托尼的方法，这些受教育者的成绩都很快得到提升。托尼在大量学习心理学、神经语言学、信息理论、大脑神经生理学、记忆和助记法、感知理论、创造性思维等方面的知识后，逐渐意识到应当让大脑的各个物理方面与智力方面协同工作，才能发挥大脑最大效益。至此，放射性思维和思维导图概念在托尼的脑海里日渐成熟。从1971年起，托尼开始着手编纂《大脑及其使用百科全书》，思维导图及放射性思维的方法也就逐渐传播开来。此后，国内外的学者将思维导图应用于各个领域，尤其是在教育和医疗领域。[1]

（一）思维导图的原理

1. 大脑脑细胞构成

人类的大脑里面有大约1万亿个脑细胞，其中负责思考的神经元就大约有1000亿。每个细胞都有一个微型信息处理及传递的系统，而且周围含有大量的像超级章鱼触手一般，最终形成了一个渔网状似的结构，每个结点就像是脑细胞，它们之间互相交错纵横。那些像章鱼触手般的结构叫作轴突或者树突，轴突与轴突之间有微小的间隙，叫作突触间隙。这些脑细胞之间的

---

[1] 张正亚,王修贵.思维导图法应用研究综述[J].黑龙江科学,2018,9(23):28-29+32.

结构与后面所提的思维导图的结构有着惊人的相似。

2. 大脑信息传递原理

当人类的大脑中产生一个想法的时候，就会在脑细胞之间传递。这时，在神经细胞之间就会建立起一个叫作"记忆轨迹"的生化电磁通道。在轴突上信息是通过电信号传递的，而在轴突与轴突之间，信息是由电信号转变为化学信号，通过神经递质来传递的。并且记忆的产生与突触的建立有关，当你每次产生一个想法时，带有这个想法的神经通道中的生化电磁阻力就会减小。正如鲁迅先生所说，世上本无路，只是走的人多了，也就成了路。信息在大脑中的传递就像在丛林中行走一样，第一次荆棘遍布，比较困难，走过一次之后，清理了一些障碍物，后面再走便轻松了。这也与德国心理学家艾宾浩斯的遗忘曲线原理有着惊人的相似。

3. 发散性思维

在现代汉语里"发散"的意思是从一点向四周散开，发散性思维就是从一个问题（信息）出发，突破原有的知识圈，充分发挥想象力，经不同的路径，以不同角度去探索，重组眼前信息和记忆中信息，产生新的信息，而最终使问题得到圆满解决的思维方法。也有学者说是同一来源材料探求于不同答案，从不同的角度寻求解决问题的思维过程。通常认为发散性思维是从一个原点出发，经过各种途径与办法，最终回到原点的思维过程，并且发散性思维是人类独有的自然而然的思维方式。发散性思维体现了大脑的内部结构，反映了人类自身思维的过程。人类当看到一个事物时，以这个事物为中心，脑中就浮现出与此事物相关的事物，然后便以相关的事物为中心，依次重复的联想下去。[1] 根据莫斯科大学某教授的研究结果：人的1万亿个脑细胞当中的每一个细胞可能产生的连接数为"1"后面加上28个"0"。如果单个神经细胞具有这种潜力，这意味着人脑中可能的连接总数，如果写下来的话其长度将为"1"后面加上1050万千米长的"0"。它是没有限制的。每一个神经元细胞都可以在同一时刻与相邻的1万多个细胞发生接触和拥抱。思维导图符合大脑发散性思维的工作方式。思维导图简单的使用方法：从一个中心词出发，向四周画出像树干一般的彩色主干，在其上面写出衍生的与这个词相关的词或词组，以此词或者词组为中心，再画出次一级的枝干衍生下去。这正是发散性思维的图表呈现形式，就如现实生活

---

[1] 李雪,张巍,朱庆杰,等.思维导图在专业学习中的应用与拓展研究综述[J].教育现代化,2018,5(19):221-223+246.

中的大树枝干一样。简而言之，思维导图就是人类自发思考过程的外部呈现。

（二）思维导图的定义及特征

思维导图是放射性思维的直观表达，可有效发挥思维的自然功能。同时，思维导图还是可以启发人类大脑思维的技术。当人们熟练掌握此方法后，可将思维导图法应用于生活、工作、学习等各方面，结果显示其可有效地提高人们的学习效率，并有助于形成清晰的思维方式，提升工作能力。思维导图的基本特征是有助于人们将注意力集中在一点上，同时可根据左右脑的功能不同，将其有机地结合起来，最大程度地发挥左脑抽象逻辑思维与右脑形象思维的组合功能，借助于醒目的色彩、简洁的图形、逻辑清晰的线条等手段，将枯燥的文字或理论变成一些系统化、条理清晰、充满趣味的图片，有效地突出知识点之间的逻辑关系，使人们的记忆能力大大提高。

二、高校网络思想政治教育思维导图的应用机理

（一）思维导图在网络教育中的应用情况

思维导图是一种常用的图形化组织工具，广泛应用于思想政治教育领域。思维导图可以帮助受教育者整理知识结构，通过将知识点以关键词或主题的形式记录在思维导图中，使受教育者建立一个清晰的知识结构，利用这种图形化的表示方式能够使受教育者更容易理解和记忆知识，并帮助他们建立知识之间的联系和逻辑关系。在引导受教育者制作思维导图的过程中，思维导图可以激发受教育者的创造力和思维能力，受教育者可以将不同的思维元素进行组合和重组，形成创新的思维方式。此外，思维导图还能够促进受教育者的主动学习和参与度。在思想政治教育教学过程中，教育者可以将思维导图作为学习任务的一部分，鼓励受教育者使用思维导图进行学习总结和思考，使受教育者能够更加主动地学习和思考问题，增加学习的成果和效率。在知识回顾方面，受教育者可以使用思维导图将复杂的知识点进行整理和分类，并通过不同的颜色、形状和线条等元素进行标记，以帮助记忆和复习。这种可视化的学习方式能够提高信息的可读性和可理解性，从而更好地帮助受教育者记忆和掌握知识。

思维导图在教育中有着广泛的应用，它能够帮助受教育者整理知识结构，激发创造力和思维能力，提升学习的主动性和参与度，以及支持复习和记忆。教育者在教学过程中可以积极引导和倡导受教育者使用思维导图，从

而提升教育教学的效果和质量。

(二) 思维导图的功能

1. 提升记忆力

这是思维导图最基础的应用。关于记忆力的提升最重要的一点就是重复，其次是分类。首先，重复是记忆的关键。根据德国心理学家艾宾浩斯的遗忘曲线理论，当人们接收到一些新的信息，如果没有得到及时重复，这些新的信息就会慢慢被遗忘。虽然遗忘的速度在慢慢减慢，但遗忘累计量却是越来越多。由于思维导图是完整呈现在一张纸上的宏观图，一目了然，所以已经加工好的信息都是在视野范围内的，这便无形的增加了重复的次数。并且思维导图在被赋予了一些鲜艳的颜色之后，这无形之中也增加了对感官的刺激，利于记忆的加深。其次，信息在经过分类处理之后，变得更加有条理，更加便于记忆。由于思维导图的每一条从中心词分出去的枝干可以看作是一种分类，这无形之中也加深了记忆。思维导图还可以用于回忆某些暂时忘记的信息。例如，可以把这个被遗忘的信息当作中心词放在思维导图的中间，再从周围的一些已经清楚明了的相关词或者图像来倒推激发缺失的中心词，这样就极大地加大了回忆起暂时忘记的信息的可能性。

2. 加快阅读速度

受教育者作为特殊群体，肩负着带动、引导社会公众扩展阅读视野，提升阅读素养与品位，共同营造良好的全民阅读氛围的期望，但是每天都要面对大量的课程及繁杂的琐事，根本没有大量的时间用于阅读。思维导图是一种简单、有效地加速阅读的策略，它能增强记忆力，提高受教育者的阅读效率。在阅读时，可以用不同层次的颜色将作者的想法与读者自己的独到见解区分开，以便于以后的归纳整理创新。读完时，思维导图也就做完了，无须反复阅读，只需观看思维导图，便一目了然。当然，也可以在读完一整本书后，再来做思维导图，但前提是读者必须在读完后全面理解、掌握全书内容。

3. 优化学习技巧

通过对比试验，以用与不用思维导图的区别来应用于本科生学习课程，结果是用了思维导图的受教育者的成绩显著优于没有用思维导图的受教育者的成绩。思维导图是科学有效的学习策略，受教育者可利用其帮助自己组织思维过程、构建知识框架、有效处理信息、增强记忆效果，从而提高自主学习能力。

4. 培养创新意识

受教育者是受过高等教育的专业人才，既掌握了较为深厚的基础知识，又有较为扎实的专业知识，同时又具有其他群体所不具备的活跃思维和敢闯敢拼的冒险精神。而运用思维导图可以进行创造性思维，其具体做法如下：首先，按照前面所讲的方法，快速地做出一张思维导图。其次，将目前所产生的观念想法进行分类整理，把一些虽在不同分支上却类似相同的观念重新提取作为下一次思维导图的中心词，以此重复下去，直到满意为止。因为这些类似的观念处于大脑思维的边缘，而大脑思维的边缘正是受原先中心思维影响的最小处，所以也正是创新突破可能性最大的地方。

（三）思维导图应用的效果评估与反馈

思维导图是放射性思维的直观表达，可有效地发挥思维的自然功能。研究团队将教育内容思维导图化，最大程度地发挥左脑抽象逻辑思维与右脑形象思维的组合功能，借助于醒目的色彩、简洁的图形、逻辑清晰的线条等手段，将枯燥的文字或理论变成一些系统化、条理清晰、充满趣味的图片，有效地突出知识点之间的逻辑关系，保障学习效果。

网络思想政治教育中，网络学习有很丰富的学习资源，文字、视频、音频、PPT等，都包含着海量的信息，也是新时代高校受教育者获取知识信息的主要方式与来源。但是杂乱的信息势必会给受教育者汲取有用内容带来困难与负担，寻找学习知识也对受教育者的自我管理能力要求较高。网络中的其他娱乐化元素会分散受教育者的注意力，影响受教育者正确汲取知识。而运用思维导图，将海量的信息网格化、层次化、逻辑化，可以使受教育者清晰明了地认识知识框架，学习时更有针对性、主导性，以抓住关键点。

三、高校网络思想政治教育思维导图的设计流程

将思维导图应用在高校网络思想政治教育中，具体的设计和操作流程如下。

（一）课前预习与导图制作

鼓励受教育者在课前预习教材或相关资料，先了解课程的大致内容。然后，要求受教育者根据预习所得的信息，制作一个简要的导图。导图可以包括主题、关键概念和学习目标。这样的预习和导图制作有助于受教育者对课程有个初步了解，激发其学习兴趣和主动性。

(二) 引导式提问

在课堂上，教育者可以使用思维导图来引导式提问。教育者先展示一个不完整的思维导图，然后逐步添加新的概念和信息，引导受教育者进行思考和互动。通过这种方式，受教育者可以积极参与到课堂讨论中，加深对知识点的理解。

(三) 多维度知识整合

在网络思想政治教育中，受教育者需要掌握大量的历史事件、政策解读等复杂内容。通过制作思维导图，受教育者可以将相关知识整合在一起，形成完整的知识网络。例如，受教育者可以在导图中使用节点表示不同的事件，使用连接线表示事件之间的关联和影响。

(四) 视觉元素应用

为了增加思维导图的可视化效果，受教育者可以运用不同的视觉元素，比如使用不同颜色区分不同概念或知识点，使用图标表示相关主题，使用箭头表示因果关系。视觉元素的应用可以让思维导图更加直观、易于理解。

(五) 小组合作项目

在一些大型课程项目中，受教育者可以分成小组，共同合作完成一个大型思维导图。每个小组成员可以负责研究不同方面的内容，然后将各部分内容整合到一个整体的导图中。这有助于培养受教育者的团队合作能力和协作能力。

除了学习网络思想政治课程的知识，受教育者还可以通过思维导图将这些知识与其他学科或现实生活中的事件和问题进行关联。这样的拓展可以帮助受教育者深入理解知识的应用和意义，促进跨学科学习。

(六) 反思与总结

在课程结束后，受教育者可以利用思维导图来反思学习过程和总结所得的收获。受教育者可以在思维导图中记录重要知识点、个人理解和感悟，这有助于巩固学习成果，加深对知识的理解。

(七) 在线工具应用

受教育者可以使用在线思维导图工具，如 XMind、MindMeister 等，有助于受教育者随时随地制作和修改思维导图。同时，教育者也可以使用在线工具进行互动教学和受教育者作业的批改。通过精心设计，思维导图可以更好地在高校网络思想政治教育中发挥作用，提高受教育者的学习效率和学习成果。同时，教育者的指导和引导也非常重要，要帮助受教育者正确运用思维导图，形成系统性的知识结构和思维模式。

第三节 高校网络思想政治教育动态图表

一、高校网络思想政治教育动态图表的含义

动态图表是一种利用动画效果来展示数据变化的可视化技术，在高校思想政治教育中也是一种重要的数据分析工具。在计算机技术蓬勃发展的时代，为了帮助高校思想政治教育者更好的分析数据，动态图表被引入到高校思想政治教育中。动态图表不仅能够提高数据的可读性和吸引力，还能够反映数据背后的逻辑和规律，从而帮助高校思想政治教育者更好地理解和解决实际问题。

动态图表可以采用多种图形类型，例如线图、柱图、饼图、点图等。线图可以用来显示股票价格的波动，柱图可以用来比较不同国家的人口，饼图可以用来分析产品的市场占有率，点图可以用来探索两个变量之间的相关性。在高校思想政治教育中，动态图表可以作为良好的数据分析工具，对高校受教育者的学习动态数据进行可视化处理。在新时代高校思想政治教育体系下，高校思想政治教育要适应全媒体时代的信息化社会的发展需求，要以创新、协调、绿色、开放、共享的理念为指导，提高教学质量和效果。这是高校思想政治教育的新理念，也是高校思想政治教育的新任务。

动态图表的优势是可以提高数据的可读性和吸引力，以及突出数据的动态特征和内在联系。由于这个性质，动态图表在高校思想政治教育中更能挖掘出教育过程中的一些更深层次的信息。相较于传统思想政治教育方法，在数据分析驱动下的思想政治教育更加注重数据的采集与量化分析，在经过动态图表的分析后，有助于高校思想政治教育者更加精准而科学的做出预测与判断。

二、高校网络思想政治教育动态图表的应用机理

在近年来智能思想政治教育的热潮下，为了提升高校思想政治教育的效果，思想政治教育者们更要结合网络，引入动态图表辅助进行高校网络思想政治教育。

（一）动态图表增强网络思想政治教育的互动性与立体感

动态图表具有极强的信息表现力，能够将复杂的数据和概念以直观、生动的形式展示，帮助受教育者更容易地理解和掌握抽象的思想政治教育理

论。通过动态展示数据变化过程，使之形象生动，搭建起思想政治教育与受教育者兴趣关联的桥梁，提高受教育者对课程的关注和参与度。在网络思想政治教育中，动态图表增强了受教育者与教学内容间的互动性。受教育者可以自行操作动态图表进行学习，例如：通过拖动滑块、点击按钮等方式查看不同时间点的数据变化，观察宏观态势和微观细节。这种互动性有助于激发受教育者的学习兴趣，并提高受教育者在学习过程中的主动性和参与感。动态图表在高校网络思想政治教育中可实现多维度、多层次的数据展示，使得教学内容更加立体化，丰富了思想政治教育的深度和广度。比如，可以把历史事件按时间排序，通过动态图表的滚动展示，受教育者可以清晰直观地体验到我国历史的长河流变，为受教育者提供了更广阔的历史视野。同时，教育者也可以将影响事件发展的因素，如地理环境、人员组成等数据融入动态图表中，使受教育者可以在多个角度理解和探索事件发展的内在机制。这种立体、多角度的学习方式有助于深化受教育者对思想政治教育课堂理论的指导意义和实际价值的理解。

（二）动态图表促进网络思想政治教育的个性化发展

动态图表的使用极大地丰富了高校网络思想政治教育的方式和手段，灵活多变的展示效果和丰富多样的互动元素，使得受教育者可以根据个人的学习习惯和理解方式，自主选择最适合自己的学习路径。如对比不同时间或者地域的历史事件，解读其因果关系，从而有的放矢地获取知识，提高学习效率。动态图表可以实时更新数据，通过操控图表，受教育者可以自由探索、发现数据背后的规律和反映出的社会现象，从而进行深入思考和理解。受教育者在操作和分析动态图表的过程中，形成的数据认知和分析能力，有利于提升其对思想政治教育课程的学习效果。通过这种学习方式，受教育者可以依据自己的认知规律和思维方式得出结论，实现个性化的学习效果。通过动态图表，受教育者可以在主动探索和学习中，树立起积极的学习态度。它让每个受教育者都有机会和空间参与学习过程中，而不只是被动地接受知识。例如，受教育者在探索某一历史事件影响力的动态图表时，可以根据兴趣选择关注某一特定时间段或地域，这种主动性能够提升受教育者的学习热情和积极性。同时，动态图表的直观性和实时性也帮助受教育者更立体、更全面地理解思想政治教育课程，提升了受教育者对思想政治教育的认同感和满意度，使得思想政治教育课堂的接受程度和效果产生个性化的差异。

（三）案例分析

在思想政治教育课堂中，教育者利用动态图表设计了一套关于中国近代历史的在线学习材料。在具体应用中，动态地展示了从晚清至今中国面临的种种挑战，以及中国人民如何迎难而上，涌现出一系列的历史事件。这种动态可视化的方式，使受教育者能够更为直观地理解这段历史的进程；同时，受教育者可以通过互动式的设计，从多个角度，包括时间、地点、事件重要性等去理解和诠释这段历史。经过调查，大部分受教育者表示，使用动态图表，使他们对这段历史的理解更加深刻，同时也使他们对思想政治教育课程的学习充满了新的兴趣。这一案例说明，动态图表在高校网络思想政治教育中的应用可以提升教学效果。

三、高校网络思想政治教育动态图标的设计流程

（一）目标设定与预设需求

思想政治教育的教育者需要明确动态图表的教学目标，理清教学思路，并对受教育者的学习需求进行预设。比如，考虑到受教育者对于抽象思想理论的理解难度，教育者可以设定用动态图表将抽象的政治理论具象化，提高受教育者的理解度和兴趣度。同时，教育者也需要根据教学内容的特点，确定展示内容的关键维度，如历史时间线、地理位置、人物关系等。

（二）数据收集与处理

确定好目标和需求后，接下来则是收集相应的数据。在制作动态图表之前，教育者需要对数据进行收集和处理。需要从可靠的数据源收集所需数据。教育者可以根据动态图表的主题，在国家统计局、相关政府部门、经济研究机构、专业数据库、学术论文等途径获取所需数据。为了确保数据的有效性和质量，需要对收集到的数据进行审查，确保其准确、完整和一致。常见的数据清洗操作包括去除重复记录、消除输入错误或统一数值单位等。数据预处理的目的是为了让数据更好地适应图表的需求。这一阶段教育者需要根据动态图表的目标，对数据进行整合、分类或排序。例如，对于一个反映我国各省历年 GDP 变化的动态图表，教育者需要将数据按照年份和省份进行分组、排序，为后续制作图表做好数据基础。

（三）动态图表制作

在收集并处理好数据之后，教育者需要选择适宜的动态图表设计工具，如 Tableau、Plotly 或者 R 语言的 gganimate 包。根据教学目标，确定合适的图表类型（如柱状图、折线图、饼图等），并对图表进行美观、直观的设计。在设计过程中，注意合理设置各元素的颜色、大小、排版等，以便更好地突显图表传达的信息。

（四）动态图表的测试与修改

制作完成后，需要对动态图表进行测试和修改。思想政治教育的教育者可利用教育者队伍、受教育者骨干力量进行审查，或将图表展示给部分受教育者，以收集关于其可读性、准确性和互动性的反馈意见。针对收集到的建议和反馈，教育者可对图表进行调整和优化，以确保其达到预期的教学目标和效果。此外，在实际教学过程中，根据实际情况，可能还需要进一步调整动态图表的设计，以确保其贴合受教育者的学习需求，进一步提高教学效果。

第四节　高校网络思想政治教育中的虚拟仿真

一、虚拟仿真的定义

虚拟仿真作为一种新兴现代教育方法，采用高科技手段为受教育者创造观察和实践的学习环境。最初，仿真技术主要运用于传统工程和国防军事领域，例如在项目仿真中利用计算机模型以及特定层面的风险评估，基于控制论、系统论、相似原理和信息技术。从狭义上讲，随着计算机技术在 20 世纪 40 年代的发展，虚拟仿真逐渐发展成一种新型试验研究技术；而从广义上来看，虚拟仿真一直在人类探求自然界客观规律的过程中发挥着重要作用。得益于计算机技术的进步，仿真技术逐渐形成了独立的体系，并成为继数学推理和科学实验之后，人类认识自然界客观规律的第三种基本方法。同时，它正在成为一种具有通用性和战略性的技术，用于人类认知、改变和创造客观世界。

二、高校网络思想政治教育虚拟仿真的应用机理

（一）教育形式新颖，沉浸式教学环境

在高校思想政治教育课现有的教材体系中，陈述性的理论知识占比超过70%，数量多且比重大，是教学的重点和难点。在教学过程中，地位高，受到高度的重视。而对于大部分高校受教育者而言，陈述性的理论知识是极为枯燥且难以理解的，传统的教学模式难以调动受教育者的兴趣，匮乏的形象展示方法往往使得思想政治教育成为说教和灌输，受教育者无法从枯燥的教学中汲取知识力量，这在一定程度上限制了高校思想政治教育工作的开展。利用虚拟仿真技术，能够将抽象的思想政治教育内容形象化，帮助受教育者

更好地理解和吸收。通过虚拟仿真，教育者可以使用生动的图像和情境来呈现抽象的道德理念和道德规范，如利用虚拟仿真技术制作各种红色仿真场景，将红色文化资源虚拟化。将原本课本中陈述性的枯燥知识转化为可视化的学习资源，在降低教学难度的同时，增强了教学的效果。

近几年，国内不少红色革命文化纪念馆相继推出了虚拟展馆，如南湖革命纪念馆、辛亥革命纪念馆等。此外，为纪念世界反法西斯战争胜利75周年，陕西首个"5G+"红色VR文化体验馆建成并对公众开放，公众戴上VR眼镜就可以进入虚拟空间，720°全景参观本省内不同地区的多个纪念馆，重温革命历史。这些生动趣味的数字化展馆增强了"VR"全景游沉浸式的虚拟体验。

（二）时空依赖性低

虚拟仿真技术可以使教育活动中时间和空间上的限制得到较大的减轻。在传统的课堂教学中，整个教育过程基本上是在一定的时间和空间之内进行的，教学的主要空间场所是现实物理空间，例如传统的思想政治教育课堂需要受教育者集中在教室中聆听思想政治教育老师的教学，一旦超出了这个范围，教育活动就很难展开。然而，虚拟仿真打破了这种局限性，使得思想政治教育工作可以24小时不间断进行，可以运用在任何时间、任何地点，使教育变得更加便利和有效。基于虚拟现实技术生成专题化思想政治教学资源，借助虚拟仿真尖端技术、智能化平台，使得受教育者的学习不再局限于传统课堂内，建立起一个无限制课堂机制。

例如，利用虚拟仿真技术，将以王进喜为代表的"人拉肩扛""铁人谈为国分忧"等奋斗故事，创造虚拟情景真实地还原故事场景、故事情节、故事人物，运用数字化语言等比刻，生动形象的展现"大庆精神"与"铁人精神"。基于时空依赖性低，虚拟思想政治教育资源的运用能在一定程度上减轻场地有限、受教育者众多的现实物理场景的使用压力，相比于常用的实体教学资源，虚拟思想政治教育资源的运用灵活性更强、不受时空的严格限制，高校思想政治教育的教育者能够随时随地地开展教育教学，扩大了教育空间与学习空间。

（三）高参与度与体验性

传统的思想政治教育课教学课堂有着到课率低、抬头率低、互动率低等问题，致使思想政治教育课失去了其应有的活力。教育者更多的是通过口头讲述、幻灯片展示等教学方式，或是结合移动教学设备与受教育者进行交互，此类教学模式往往无法调动受教育者的学习兴趣，使受教育者将思想政治教育课堂简单化、次要化。虚拟仿真技术可以使高校思想政治教育具有更高的参与性和体验性。参与和体验是学习的重要方式，虚拟仿真技术能够让受教育者在网络思想政治教育中充分发挥主动性，以虚拟的形式参与到教学活动中。受教育者可以同虚拟环境中的人和物交互，通过实践和体验来学习和认识事物，使得受教育者能够更深刻的理解和领会教学内容。

运用虚拟思想政治教育资源，构建一个开放式的教育系统，拓展互动式的教学模式，使得高校思想政治教育课的教学由"灌输式""说教式"逐步走向"参与式""体验式""同情式"。而思想政治教育课教育者也逐渐由"教学者"变为"助学者"，受教育者成为自身学习过程的"主导者"，极大地提高了课堂参与度与积极性。为贯彻党的十九大精神，适应信息化条件下知识获取方式和传授方式、教和学关系等发生革命性变化的要求，教育部开展国家虚拟仿真实验教学项目建设，截至目前，该平台上有权威专业的各类虚拟仿真实验，共有3472个实验中心，11171期智能实验室，可以帮助各类受教育者进行实验操作的练习。

三、高校网络思想政治教育虚拟仿真的设计流程

（一）合理制定教学内容，契合思想政治教育课教学目的

高校需要根据实际情况，如教育资源、教育者能力和受教育者需求等因素，制定合理的虚拟仿真应用计划，以确保资源的有效利用。2018年4月，教育部印发《新时代高校思想政治理论课教学工作基本要求》，强调要"深入贯彻落实习近平新时代中国特色社会主义思想和党的十九大精神"，"加强新时代高校思想政治理论课建设，全面推动习近平新时代中国特色社会主义思想进教材进课堂进学生头脑"。要科学的应用教学方法，努力稳固好实体课堂、实践课堂、网络课堂三阵地，实现教学方法新颖、教学内容精湛、教学效果优异。

例如，沉浸式"铁人精神"虚拟仿真线上线下体验馆通过广泛调研历史文字与视频素材、经典历史纪录片以及相关图书读本，充分打磨虚拟仿真环境与模型素材，大幅提升历史场景逼真度。受教育者佩戴VR设备聆听王进喜珍贵原声、观看铁人用身体搅拌泥浆、感受用水盆端冰水混合物、用数显推拉力计体验人拉肩扛、用疼痛体验仪模拟痛感、使用工业风扇还原零下18摄氏度大风体感，充分刺激听觉、视觉、味觉、嗅觉、触觉、力觉、体感七大人体感官，让体验者充分沉浸其中。受教育者可以"穿越"回大庆石油会战的历史场景，在跟着铁人钻油井的虚拟仿真场景中沉浸式体验石油会

战中铁人的真情实感，在亲身操作中领悟铁人精神。在历史场景中学党史，以铁人精神虚拟仿真，促"悟思想"上再深化。

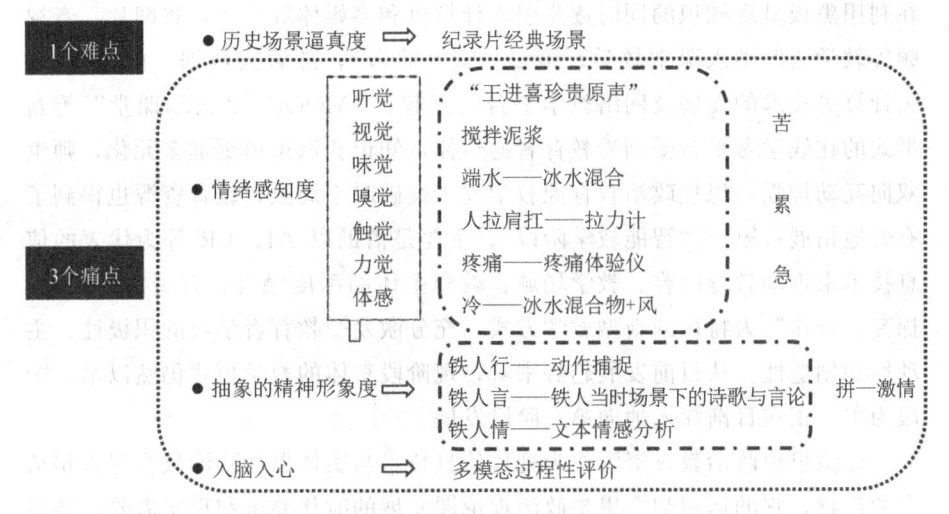

```
1个难点  ● 历史场景逼真度 ⇒ 纪录片经典场景

         ┌─────┐  "王进喜珍贵原声"
         │ 听觉 │                          苦
         │ 视觉 │  搅拌泥浆
         │ 味觉 │                          累
      ●情绪感知度│ 嗅觉 │  端水——冰水混合
         │ 触觉 │                          急
         │ 力觉 │  人拉肩扛——拉力计
3个痛点   │ 体感 │  疼痛——疼痛体验仪
         └─────┘  冷——冰水混合物+风

                  铁人行——动作捕捉
      ●抽象的精神形象度 铁人言——铁人当时场景下的诗歌与言论  拼—激情
                  铁人情——文本情感分析

      ●入脑入心    ⇒  多模态过程性评价
```

图 6-1 沉浸式"铁人精神"虚拟仿真设计思路

（二）加强思想政治教育课教育者队伍建设

虚拟仿真技术是一种新的教学手段，需要教育者有一定的技术基础和理论知识。因此，高校应该定期举行教育者培训，使他们熟悉和掌握虚拟仿真技术，以更好地为受教育者服务。思想政治教育课教育者应该了解虚拟仿真技术的基本原理和应用领域，需要对虚拟仿真技术的概念、原理以及相关的实践经验进行深入了解。通过对虚拟仿真技术的学习，思想政治教育课教育者可以更好地理解和把握虚拟仿真技术在思想政治教育课教学中的应用价值，从而能够更好指导和引导受教育者在虚拟仿真环境下进行学习和思考。

高校思想政治教育课教育者要用心钻研教学，可以尝试通过优化课程内容设置、创新话语表达方式、善用新兴技术和新型资源等途径，开展"用心用情用功"的教学，不断锤炼自身的素质和品格，致力于让思想政治教育课实现从"点名课"到"网红课"的转变。

（三）创新教学方法

现代信息技术是人类发展进步的重要成果，高校思想政治教育课建设必须积极借鉴、充分利用和不断创新，提高运用现代信息技术落实立德树人根本任务的能力。

在现代信息技术与思想政治教育课传统教学的融合过程中，思想政治教育课教学方式主要经历了三个阶段的发展：第一"视听阶段"，思想政治教育课教学仍以传统线下教学为主,技术工具只起到辅助作用,教育者依旧是课堂的主导者,受教育者参与度并不高,师生之间的互动性也较弱,教育者在利用黑板呈现知识的同时逐步引入计算机和多媒体等设备,将图片、音视频等教学资源纳入课堂教学;第二"交互阶段",随着大数据、虚拟现实、云计算等技术的发展及网络教学平台的兴起,"MOOC""云端课堂"等新形式的在线学习平台受到受教育者的热捧,知识获取渠道更加多元化,师生双向互动加强,思想政治教育课教学逐步突破时空局限,教育资源也得到了有效地拓展;第三"智能教学阶段",主要是借助以AI、VR等为代表的信息技术来推动教育内容、教学场域、教育主体的深度融合,打造以"实验、探究、合作"为特征的新型教学方式,充分激发受教育者学习的积极性、主动性和创造性。从目前发展趋势来看,现阶段整体的教学模式仍然以第二阶段为主,正在日渐深入地向第三阶段发展。

虚拟思想政治教育资源作为现代信息技术与实体思想政治教育课堂相结合的产物,它的运用契合思想政治理论课发展的时代要求和现实需要,能够增强思想政治教育的亲和力,可以在更大程度上满足受教育者对于思想政治教育课学习的新期待,同时也促进思想政治教育课教学的信息化。

(四)加强技术研究与开发

Unity3D是虚拟仿真资源构建中多数科技公司的主要系统开发工具。三维模型制作使用"3D Studio Max、Photoshop、Substance Painter制作模型贴图,并在3D SMA中赋予材质,导出FBX模型文件为Unity3D提供模型支持"。C♯语言作为Unity3D的主要开发语言,能够实现虚拟仿真中的交互系统设计。漫游三维场景则是通过"第一人称摄影机"技术来实现。第一人称漫游能够强化用户在虚拟现实中的沉浸式体验,用户可通过方向控制产生与现实中极为相似的视觉转移甚至是视觉模糊,同时还通过听觉体验和视觉体验相结合的方式,提供沉浸式地身临其境真实参观体验感[①]。通常我们所认为的"虚拟现实技术硬件",指的是与虚拟现实技术领域高度相关的硬件产品,是虚拟现实设计方案中会用到的硬件设备。目前,在虚拟现实场景的设计和开发过程中使用频率较高的硬件设备,基本上分为四种,分别为:建模设备;三维视觉显示设备、头显;声音设备;动作捕捉设备、眼动仪、力反馈设备以及其他交互设备。基于VR技术的虚拟红色文化资源融合了专

---

① 温爱华,管志翰,刘立圆.基于VR技术的虚拟仿真红色文化教育资源构建研究[J].软件,2021,42(11):27-29.

业技术人员、工作人员等参与者的智慧结晶，要想充分发挥虚拟现实技术的优势、大力挖掘和生成虚拟红色文化资源，必须重视虚拟技术的基础设施建设。

虚拟仿真技术的运用，为网络思想政治教育提供了强大的技术支撑，使教育活动在形式上发生了根本性的改变。虽然目前虚拟仿真技术在网络思想政治教育领域的应用还有很大的发展空间，但已经初步展示出了其强大的潜力。借助虚拟仿真技术，高校网络思想政治教育既可以将抽象的教育内容形象化，又可以突破传统教育时间和空间的限制，提升受教育者的参与性和体验性。在高校网络思想政治教育领域，教育者应当更新观念，积极地将虚拟仿真技术运用到教育教学之中，为传统的思想政治教育课堂注入新的活力。

虽然虚拟仿真技术在提高教学效果和提升受教育者的学习体验方面表现出了显著的优势，但仍需谨慎对待可能出现的问题。例如，虚拟仿真技术的过度依赖可能会对受教育者的真实社会互动能力产生不利影响，对虚拟仿真内容的过度沉浸也可能让受教育者失去对现实世界的认知和判断。因此，在充分利用虚拟仿真技术的优势的同时，我们也需要适时进行反思和调整，避免不利影响，助力教学模式的改革。

虚拟仿真作为一种创新性的教学手段，我们需要以开放的态度去拥抱和引领它，争取在保证教育质量的基础上，让高校网络思想政治教育焕发出更加迷人的光彩。

第六节 高校网络思想政治教育中的严肃游戏

一、高校网络思想政治教育严肃游戏的含义

游戏是一种有目的、有规则的活动，通常在一个设定好的虚拟或者现实的环境中进行。它往往带有娱乐性质，让玩家能够体验到挑战、互动和乐趣。提到游戏，人们往往最先想到娱乐游戏，它使得玩家在游玩过程中可以获得极大的快乐。

严肃游戏是指那些设计目的除了"娱乐"之外，还包含其他严肃目标的游戏。它们是为了教育、训练、宣传、研究等目的而设计的游戏。它们可以应用于教育、政策、商业和军事等各种领域，如模拟训练、思想政治教育等。它们旨在帮助用户通过玩游戏获得更深入的学习和理解，它既要利用娱乐游戏的模块与架构设计以吸引玩家注意，更要结合游戏环节，植入学习内

容，让玩家在使用过程中有互动式学习体验，达到教育的目的。

"严肃游戏"一词最早出现在 Abt Clark 的《严肃游戏》（1970）一书中，其对严肃游戏的定义为以桌面游戏、卡牌游戏和电子游戏为表现形式，在两个或多个决策者之间进行，并在一些限定的规则环境中寻求达成目标的一种活动。① 自20世纪80年代起，严肃游戏开始在欧美国家盛行，随着2002年华盛顿特区伍德罗·威尔逊国际学者中心发起"严肃游戏计划"，严肃游戏开始得到政策制定者和企业管理者的关注，并通过游戏设计与开发成功应用于军事、医疗、教育和危机管理领域中。直到2009年北京举办"第一届严肃游戏创新峰会"，严肃游戏才在我国广为人知，并开始在教育领域中得以广泛应用。20世纪90年代，随着新媒体技术的发展，教育游戏的研究成为教育技术研究领域新的热点问题，而教育体制的改革、教育理念的进步，为教育类严肃游戏的发展提供了广阔的天地。教育类的严肃游戏必将在以后一段时期成为严肃游戏开发的重点领域。

随着严肃游戏在实践领域中的应用，学者们进一步对严肃游戏进行了定义：严肃游戏是一种以训练、教育或治疗为目的的体验类游戏，并且严肃游戏是一种载有问题情境和规则设计的多元决策者互动平台，它以社会学习、角色扮演等理论为开发基础，有着科学性、多模态性、叙事性和探究性等重要特征。

二、高校网络思想政治教育严肃游戏的应用机理

（一）提高受教育者学习兴趣

严肃游戏在传统思想政治教育的教育方式方面做出了创新。以往的单纯课堂讲授容易让受教育者感到乏味，而通过引入严肃游戏，以受教育者喜闻乐见的方式进行教学，能够更好地激发受教育者的学习兴趣。严肃游戏采用了探索式的解构主义方法，让受教育者在可靠且安全的模拟环境中进行实践活动，从而更好地理解专门的教育主题和内容，并有效地锻炼实践技能。

（二）培养受教育者综合能力

严肃游戏在培养受教育者综合能力方面也表现出优势，它能够让受教育者在游戏中主动思考，提高分析和解决问题的能力。优秀的严肃游戏脱离传统陈述式的教学模式，将原本枯燥的文本内容情景化、实体化、逻辑化，将

---

① 周文杰,母睿. 基于案例分析的严肃游戏对培养大学生合作意识的作用研究[J]. 东北大学学报(社会科学版),2017,19(2):201-207.

多个教学目的潜入不同的游戏环节中,可以是引导受教育者完成解密游戏任务,在解密任务过程中,既锻炼了受教育者的思考能力,又向受教育者传输了正确的思想观念;也可以是引导受教育者扮演故事人物,在故事人物情节中适当加大过关难度,体会艰辛故事、感悟红色精神,例如"飞夺泸定桥"严肃游戏中,受教育者在其中扮演一名红军,负责冲刺、铺板、射击等多项任务,受教育者需掌握敌人进攻节奏,在一遍又一遍的进攻、防守、牺牲中逐渐达成胜利,这样的设计锻炼了受教育者的思维模式,也让受教育者深入的体会红军的艰辛与不易。实验教学和模拟情境类的严肃游戏,使受教育者在"学中做""做中学",进一步提升思想政治教育的实效性。

(三)提升受教育者参与感、获得感

以严肃游戏为载体进行思想政治教育的学习模式把现实课堂学习与虚拟移动学习相结合,形成线上线下的良性互动。严肃游戏的使用平台多为手机、电脑,受教育者既然通过玩游戏的方式积极参与到思想政治教育课堂中,又能在课余时间借助严肃游戏对陈述式的理论知识进行交互式学习。开放多人在线的虚拟学习环境,能感受共同学习的参与感。严肃游戏内设置即时反馈与累积奖励机制,能让每个"游戏课堂"的参与完成情况有所记录。受教育者在游戏的过程中主动探索、努力挖掘、认真思考、收获体会,在一步一步阶段性探索式学习中获得成就感,并最终积累成全内容完成的终极成就感,增强了高校思想政治教育工作中受教育者的获得感。

三、高校网络思想政治教育严肃游戏的设计流程

(一)游戏内容设计的原则

1. 教育性原则

游戏内容应遵循教育性的要求,体现出政治理论的知识传授和思想观念的推广。游戏中的场景、任务和角色设计应与教学目标紧密相关,有助于受教育者掌握相关知识和培养核心素养。所有的设计元素都应与游戏的主题和定位相匹配,不能偏离游戏的设计目标,避免让玩家感到游戏内容的混乱和断裂。

2. 沉浸感原则

游戏设计需要充分考虑玩家的沉浸感,使之投入到游戏的情境中。通过优秀的视觉、音效、剧情表现和互动设计,引导玩家置身于游戏世界,感受情感与认知的联动,从而更好地吸收教育内容。游戏应设置一定的难度和挑战,以激发受教育者的好奇心和求知欲。通过设计富有挑战性的任务、谜题

和竞技环节，增强游戏的趣味性，提高受教育者的主动参与度。

3. 具有挑战性与趣味性原则

游戏设计内容都应围绕玩家的体验展开，包括故事情节、角色设计、游戏节奏等方面，要以玩家的视角来思考问题。此外，游戏内容设计也需要具有创新性，能够提供新鲜和独特的体验给玩家，让玩家在玩过很多游戏的情况下还能充分感受到此游戏的魅力。

4. 人文关怀原则

游戏内容要注重人文素养和情感关怀，使得游戏不仅能传授知识，还能够启迪思考、引发共鸣，促进受教育者对社会现实和人生价值的深入思考。

（二）游戏运营与宣发建议

运营和宣发是游戏生命周期中的关键环节，应该紧密结合游戏内容设计且统筹考虑。在高校严肃游戏运营阶段，应该注重受教育者用户的建设和管理，构建反馈机制，在受教育者与严肃游戏互动时得到反馈。严肃游戏也不宜亘古不变，可以结合高校思想政治教育一线内容，持续更新严肃游戏的环节与内容，保持严肃游戏的新鲜感，以维持和吸引受教育者。在网络思想政治教育中，应该用契合受教育者特点的宣传词来吸引更多的受教育者体验严肃游戏。更应该利用新媒体平台，做好严肃游戏推广，让更多的受教育者先了解内容，再体验内容。

（三）受教育者参与度的提升策略

由于受教育者对传统思想政治教育方式的抵触情绪和参与度低的问题，传统的思想政治教育已经无法满足新时代高校受教育者的需求。应用严肃游戏可以激发受教育者积极参与思想政治教育理论学习，提升教育效果。在高校思想政治教育工作中，提高参与度的原理是贴合受教育者需求。需要关注受教育者的兴趣与需求，关注受教育者个人的差异、学习模式和成长经历，合理设计严肃游戏的环节与内容，使受教育者能够体验到高互动式学习的乐趣，提升其学习参与热情。在应用严肃游戏进行课程授课时，除了让受教育者参与严肃游戏之外，还要在探讨问题的过程中提高参与度，可以使用灵活的教学手段，如游戏事件环节分析、探究性学习等方法，同时引导受教育者自我学习，激发受教育者独立思考和解决问题的能力。

（四）教育者在游戏设计与实施中的角色

教育者在严肃游戏中通常充当着引导者的角色。在游戏设计环节可以根据教学目的，创设有关游戏背景，并结合实际游戏环境和受教育者情况，对规则进行合理优化。而在游戏环节中，教育者的正确引导可以有效地使受教育者理解问题情境，及时调整行为方式，促进游戏正常进行。教育者还要在游戏中观测受教育者行为动机，对每个受教育者的性格以及心理状况有所了解和分析，以便有效地设立方案助力受教育者成长。在师生互动环节中，教育者则是不断向受教育者发问来引导受教育者思维。对于教育者而言，要在每一阶段的受教育者的发言中充分地了解受教育者的想法和思想活动的转变，并且教育者要通过理论知识的引入使受教育者更能理解游戏的意义，协助受教育者养成良好的价值观。因此，在教学中，教育者针对游戏给予受教育者正确的行为引导在游戏中十分重要，也是严肃游戏能否成功达成目的的关键。

第七节　高校网络思想政治教育中的数字教材

一、高校网络思想政治教育数字教材的含义

在教育学领域，"教材"一词有广义和狭义两个层次的含义，广义上的教材是指教育者和受教育者据以进行教学活动的教学材料，而狭义的教材是指教科书。在中小学教育中，"教材"通常指狭义的教材，即教科书。[①]

随着信息技术、互联网技术的发展和在教学中的应用，国家开始通过网络课程建设促进教学内容和方式改革，高等院校也开始从纯纸质教材的讲授向"纸质教材讲授＋网络课程学习"转变。智能手机及PAD等移动终端的广泛使用，移动学习逐渐兴起，并成为"90后"受教育者重要的学习方式之一。

数字教材将文本学习与相关数字资源更紧密地结合在一起，受教育者通过移动终端扫描文本中的二维码，相关资源即可调用，借此达到立体化、数字化、随时随地学习的目的。我国当前的教育信息化发展目标强调信息技术与教育的融合性发展，数字教材正是实现信息技术和教育融合的有效突破口。目前作者和出版社多制作电子教材、数字教材等，高等教育出版社和高校思想政治理论课教学研究中心在高校思想政治理论课程网站推出高校思想政治理论课立体化电子教材《〈马克思主义基本原理概论〉课教学参考用书》等13本。这些电子书改变了原来书籍的编排方式，有的书籍每章内容按照

---

① 康合太,沙沙.数字教材建设的探索与实践：以第二代"人教数字教材"为例[J].中国电化教育,2014(11):80-84＋100.

学习导读、解疑释惑、头脑风暴、案例思考、实践探索、阅读拓展安排，便于受教育者的阅读和学习；有的增加了二维码，扫码可以连接相关网页。13本书籍遵循了绿色印刷的理念，可免费下载，但呈现方式主要是静态的PDF格式。

交互性数字教材是一种交互式更强的数字教材，其概念应当建立在数字教材概念的基础之上。交互式数字教材是一种适用于移动阅读终端，集成图文、音频、视频、动画、多元化交互模块等多媒体资源，具有系统性教学内容体系，符合数字出版编排、设计和开发规律，交互性更强。交互式数字教材在设计和开发时注重用户的交互体验，通过多元化交互模块来整合教材资源、学习活动、测评和学习档案，以丰富数字教材的功能、形态与应用方式。这种交互性体现在两大方面：(1) 教材使用者与教材之间的人机交互体验，如一些英语学习类数字教材提供的口语互动模块能够提供人机对话的学习交互；(2) 教材使用者之间的人际交互体验，如许多具有社交功能的交互式数字教材，通过嵌入网络社区功能，来实现师生间的答疑辅导、个性化指导、测验批改，受教育者之间的学习资源共享、家校之间的学习进度过程化监督管理等交互功能。①

二、高校思想政治教育数字教材的应用机理

数字教材实现了信息技术和教与学的核心过程真正融合。数字教材集成了富媒体数字出版、移动学习、云服务和大数据四大领域的前沿技术，依据情景化、动态化、形象化的学习需求，将传统教学内容进行富媒体编排设计和交互设计，面向智能手机、平板电脑进行全新设计呈现，为学习者提供丰富的、可扩展的、精致化的、社交化的学习体验。

（一）移动智能设备是数字教材推进的基础

在教育信息化实践过程中，硬件设施的支持是基础。随着互联网、大数据、人工智能等的快速发展，移动智能终端PC、智能手机、平板电脑等作为数字教材内容的主要载体，其便携性扩大了受教育者学习行为的频度和范围，打造移动学习模式。同时，存储在"云"上的数字教材内容资源始终与下载至终端设备的本地资源保持同步，能够实现内容的快速、实时更新，从而有效。②

---

① 金常伟. 新媒体时代的教材编辑及应用研究[J]. 科技视界, 2021(34):113-114.
② 胡畔, 柳泉波. "教育云服务+云终端"模式下的数字教材研究[J]. 现代教育技术, 2018, 28(3):85-91.

1. 实现泛在开放式学习

充分应用各形式的移动平台，受教育者可在 iPhone、iPad、Android 手机、Android 平板、Windows PC 端自主安排时间、地点进行碎片化阅读、标注，通过知识链接可以进行百度和网络搜索延伸拓展学习，实现了泛在式的开放学习，增强了受教育者学习的主动性。

2. 实现社交化学习

改变了只能传统纸质教材阅读的方式，在移动端的数字教材上，受教育者进行群体化的社交学习，可以随时发起讨论、交流、沟通、笔记分享，与教育者和同学互动，打破了传统的完全由教育者教授的形式，同学中的优秀者也可进行朋辈辅导，不仅提问者解决了自己学习上的问题，讲解者也提高了自己的能力和水平。教育者根据平台记录的受教育者讨论情况，在课堂上可以重点讲解受教育者的疑难点，节约时间，提高授课效率。

3. 实现智能化学习

数字教材移动端后台记录了受教育者学习进度和时长，形成学习行为跟踪大数据，作为对受教育者平时学习的形成性评价的考核依据，帮助教育者可以开展高针对性的教学分析与评价。受教育者根据自己的笔记和练习测试记录，清楚知道哪些知识点已经掌握，哪些知识点没有掌握，哪些是自己易错题目，都可针对性地进行学习和练习，进行智慧学习。

（二）云平台是数字教材的保障

搭建优质多元化平台，强化思想政治教育。在有了网络思想政治教育云平台的基础上，云教材的开发、丰富与优化有了充分保障。数字教材专著将传统教学内容进行富媒体编排设计和交互设计。

1. 富媒体设计

富媒体性指的是在传统纸质教材阅读和教学功能基础上，具有更强大的表现影、音、图、文、网等富媒体各种出版形态的表现形式。[1] 全书采用文字、图片、链接、视频、音频、交互测试等混合媒体一体化编排设计，便于受教育者在移动端随时阅读。特别设计素材栏，在点击后可以看到本节中所有的图片、视频、音频、交互测试，不仅简洁美观，更便于受教育者查找，增强了教材的亲和力和吸引力。

2. 文本交互设计

文本交互是各类电子教材中的基本交互元件，主要是为学科教材中的文

---

[1] 杨万里. 基于探究、合作、创新教育理念的电子教材研发[J]. 课程·教材·教法，2012，32(12)：41-46.

本知识内容提供写作支持，它包括文本编写与排版、学科符号与公式、表格与图形、内容片段链接、外部链接、音频链接、批注提示等功能。[①] 高亮、笔记、讨论、百度百科搜索、百度字典搜索、删除（移除）、复制（拷贝）等功能，方便受教育者学习。

3. 图片交互设计

在这个读图的时代，直观、形象、美观的图片相较文字，给受教育者愉悦的视觉体验，也能把抽象的思想政治理论情景化，便于受教育者理解、记忆相关知识，更能受到受教育者的喜爱和欢迎。

4. 社交化学习设计

受教育者不是一个人在孤单学习，可以随时发起讨论和笔记分享，与教育者和同学互动、与学习同本教材的受教育者分享交流。不同形式的教学资源进一步优化丰富，共同助力数据分析，从"内容为王"转变为"数据为王"，借助网络思想政治教育云平台在手机端进行资源共享，打破时间、空间界限，体现互联网开放与共享理念，强化思想政治教育。

（三）数字教材是教育内容传播的关键

数字教材给教育者及受教育者之间的交流互动提供了全新和舒适的空间，确保受教育者在任意终端设备上使用数字教材时都能够获得个性化的学习内容与界面，参与度大大提高。数字教材的应用结合新媒体技术，使受教育者、教育者、校园、社会不再是一个封闭的系统，打破了学校与社会的无形隔层，有规划地引导受教育者在网络环境中进行双向互动，消除教育者和受教育者的隔阂，做到了既得到受教育者理解又不失民主与亲和力，实现了师生间的有效沟通，受教育效果好。

三、高校思想政治教育数字教材的设计流程

（一）确定教学目标和受教育者需求

首先教育者和教育技术专家召开会议，讨论教学目标，明确要达到的学习成果，以及受教育者应该具备的知识、技能和态度。进行受教育者需求调查，通过问卷调查、焦点小组讨论等方式，了解受教育者的学习特点、兴趣、学习习惯以及对数字教材的期望和需求。

（二）制定教学大纲和教材内容

教育者和教育技术专家根据教学目标和受教育者需求，制定教学大纲。

[①] 牟智佳,武法提.电子教材写作工具的交互元件设计与功能实现[J].中国电化教育,2015(8):92-98.

大纲应包括课程结构、学习目标、教学方法和评估方式等。确定教材的内容和范围，列出教材的主要章节和知识点。教材内容应该贴近课程目标和受教育者需求，确保涵盖必要的知识和技能。

（三）设计教学活动和多媒体元素

教育技术专家和教育者共同设计教学活动，包括课堂互动、小组讨论、案例分析等，确保教学活动能够促进受教育者的积极参与和深入思考。确定教材中应用的多媒体元素，包括图像、音频、视频等。设计合适的多媒体元素能够增加教材的吸引力和可读性。

（四）选择教学平台和工具

教育技术专家根据教学大纲和教材内容，选择适合的教学平台和工具。这可能包括学校内部的教学管理系统、在线学习平台或专门的教育科技软件。确保教学平台和工具的稳定性和易用性，以便受教育者和教育者能够顺利使用。

（五）制作示范教材

教育技术专家制作一个示范教材，展示教学活动和多媒体元素的应用。这个示范教材可以用于培训教育者，培训内容包括教学活动的设计、多媒体元素的应用以及教学平台的操作等。

（六）教学评估和改进

设计教学评估方案，收集受教育者对教材和教学活动的反馈意见。可以通过问卷调查、小组讨论、课堂反馈等方式收集数据。教育技术专家和教育者共同分析评估结果，发现教学中存在的问题和不足，以便对教材进行改进和优化。

（七）推广和应用

在教育者和受教育者完成培训后，开始推广和应用数字教材。教育者可以在相关课程中使用数字教材，让受教育者体验数字教材的优势。在推广过程中持续收集反馈意见，不断改进数字教材，形成良好的教学资源。高校网络思想政治教育是一个不断更新和发展的领域，因此，数字教材也需要持续更新和改进，以适应受教育者和教学的变化。

第七章 高校网络思想政治教育机理研究的效果评价

高校网络思想政治教育效果的评价，对于提高高校网络思想政治教育质量起着决定性的作用。通过对海量的思想政治教育过程数据的采集、挖掘，将无形的思想政治教育转化成有形的数据，将无形的思想政治教育过程变成有形的受教育者受教育的学习轨迹，同时将思想政治工作者的教育工作经验转变为过程性数据。应用学习分析技术对以上的大数据进行挖掘，进行高校网络思想政治教育的全样本、定量、动态、过程性的隐性评价，提高评价的信度和效度，取得较好的评价效果。再通过云平台即时性反馈给教育者和受教育者，并以此为指挥棒，促使教育者进一步提升思想政治教育的亲和力和针对性，切实提高高校网络思想政治教育的实效。

第一节 效果评价的关键技术——学习分析技术

学习分析技术是指利用大数据、统计分析和数据挖掘等技术手段，对学习活动和受教育者行为进行收集、分析和解释，以提供有关学习过程和学习结果的见解和指导。将学习分析技术应用到高校网络思想政治教育机理研究，旨在通过分析受教育者的数据，揭示高校网络思想政治教育学习模式，评估高校网络思想政治教育学习效果，并为教育者和受教育者提供个性化的支持和建议。

学习分析技术通常结合高校网络思想政治教育的学习管理系统、在线学习教育平台和其他教育技术工具，从中收集受教育者的活动数据，如课程参与情况、讨论参与、作业提交和成绩等。用这些非问卷的客观数据分析受教育者的学习行为、学习偏好和学习进度，进而评估高校网络思想政治教育教学策略和教育方法的有效性。

学习分析技术的核心目标是通过对高校网络思想政治教育受教育者学习

行为的深入分析，提供高校网络思想政治教育受教育者学习过程、学习行为和学习成果的见解和指导。学习分析技术依赖于高校网络思想政治教育受教育者的大数据，包括学习活动、交互记录、作业成绩、学习时间和学习资源使用情况等。这些大数据可以来自高校网络思想政治教育学习管理系统、在线学习平台、虚拟学习环境以及其他教育技术工具。高校网络思想政治教育的大数据收集和存储需要确保高校网络思想政治教育过程中数据的完整性、准确性和受教育者的隐私保护。学习分析技术运用了统计分析、机器学习、数据挖掘和人工智能等技术，对高校网络思想政治教育中受教育者数据进行探索性分析、关联分析、聚类分析、预测建模等。这些分析方法可以揭示高校网络思想政治教育中受教育者的学习行为模式、学习偏好、学习困难点和学习进度。学习分析技术将高校网络思想政治教育的学习结果以可视化形式呈现，例如图表、仪表盘和报告。通过可视化呈现，高校网络思想政治教育的教育者、受教育者和决策者能够更好地理解受教育者的情况和趋势，发现关键信息，并做出相应的决策，同时为受教育者提供个性化的学习支持和干预措施。通过分析高校网络思想政治教育中受教育者的大数据，系统可以识别受教育者的学习需求、困难点和潜在风险，并提供针对性的建议、资源和支持，以促进他们的学习进步和成果。

第二节　高校网络思想政治教育全样本非实验定量评价的创新点

网络思想政治教育效果分析是运用有效的评价技术和手段，对高校网络思想政治教育过程和结果进行测定、分析，并给予价值判断的过程。目前通常做法有问卷调查、专家评审等方法，存在人情、个人喜好、主观性和随意性较强等人为的负面因素，影响评价的信度和效度。同时这种评价的即时反馈性较差，不能及时地对高校网络思想政治教育者的教育教学行为进行指导，也不能对受教育者行为进行有效反馈，客观上造成了评估是评估，教育是教育的两张皮现象。高校网络思想政治教育云平台实时记录了教育者教学和受教育者学习的即时性反馈数据，数据采集高效、便捷、准确、客观、全面。依据这些动态性、即时反馈性、过程性、交互性的大数据，变定性评价为定量的过程性评价，克服了其他评价方式先天性的不足，具有较高的信度和效度。

一、动态的、即时性反馈评价

(一) 动态评价的基本概念

动态评价又称学习潜能评价,是对在评价过程中通过评价者和受教育者的互动,尤其是在有经验的评价者的帮助下探索和发现受教育者潜在发展能力的一系列评价方式的统称。动态评价的渊源可追溯到一个世纪前的智力测验,1905年阿尔弗雷德·比奈和他的同事发表了世界上第一个关于儿童智力水平测验的量表,但不久他就认识到智力测验不应只看结果,还应对儿童的认知过程和学习过程进行评估。尽管当时他对这一想法怀有热情,但始终没有拿出可行的方案。20世纪50年代皮亚杰关于儿童认知发展的观点和智力评估的过程趋向为动态评价提供了理论上的准备,而真正推动动态评价发展的是维果茨基提出的社会文化理论,其"最近发展区"概念是动态评价的核心思想。[1] "动态评价"这一术语由维果茨基的同事鲁利亚在1961年最先提出。费尔斯坦等在20世纪70年代末开发出一系列有影响的评价工具,极大地推动了动态评价的研究和发展。目前动态评价已成为教育测量研究与应用领域的一大热点。

(二) 动态评价和静态评价的区别

动态评价是指把测量和干预结合起来,通过提示、指导和反馈等手段让受试者积极参与到测验活动之中,对其思维、认知、学习和解决问题的能力进行评价的过程。它关注的是学习者未来的发展。Haywood 和 Lidz (2007) 认为动态评价与静态评价的区别有评价对比对象不同、评价的问题不同、评价结果不同、评价过程不同、评价结果的解释不同、教育者扮演的角色不同等六个方面。高校网络思想政治教育也借鉴到其评价中。

一是评价对比对象不同。高校网络思想政治教育动态评价是受教育者和自己进行对比,静态评价是将受教育者与他人进行对比。

二是评价的问题不同。高校网络思想政治教育动态评价关心的是受教育者在新的教育情景下网络思想政治教育的效果怎样才能够得到提高,及其需要克服哪些障碍。而静态评价主要关心结果以及受教育者学到什么,及其所处的所有受教育者中的排名。

三是评价结果不同。高校网络思想政治教育动态评价关心的是受教育者

---

[1] 韩宝成.动态评价理论、模式及其在外语教育中的应用[J].外语教学与研究,2009,41(6):452-458.

的潜能，比如如何克服学习障碍，以及在有经验的干预者的帮助下受教育者的活动和表现，强调的是受教育者学习和改变的整个过程。而静态评价把终结性评价作为受教育者的总体估计，及其在所属群体中处于什么位置。

四是评价过程不同。高校网络思想政治教育动态评价的特点是个性化评价，关心受教育者学习的过程，对其行为表现给予反馈。而静态评价则采用统一的标准化评价方式，只关心终结性评价的结果，对受教育者在整个受教育过程中的行为表现不给予任何反馈。

五是评价结果的解释不同。高校网络思想政治教育动态评价侧重弄清受教育者学习中难点。而静态评价则侧重受教育者的失误在哪里，受教育者与他人有何区别等。

六是教育者扮演的角色不同。在高校网络思想政治教育动态评价中，教育者给出问题，判断受教育者存在什么困难，必要情况下给予受教育者指导，积极参与并促进受教育者发生改变。而静态评价中教育者始终保持中立，只是给出问题，记录受教育者的反应，不进行任何干预。

（三）动态评价的模式和方法

动态评价的理论基础源于维果茨基的社会文化理论。该理论认为人的心理机能是社会学习的结果，是文化和社会关系内化的结果，社会文化因素在人类认知发展过程中起着核心作用。主要代表人物有 Feuerstein、Budoff、Carlson、Campione、Brown、Stott Lidz 等。由于不同学者所强调的理念和侧重点不同，形成了一系列不同的动态评价模式。Lantolf 和 Poehner (2004) 认为，这些模式可大致分为两类：干预式和互动式。在干预模式中，帮助的形式是标准化的。它关注评价的量化指标：学习的速度指数，即学习者迅速有效地达到事前规定的学习目标所需要的帮助的量。在互动模式中，帮助出现在评价者和学习者的互动过程中。Elkonin (1998) 曾举火车的例子阐述这两者的区别。他指出，干预式动态评价对学习速度和效率感兴趣，强调的是火车如何沿着轨道快速驶向终点；互动式动态评价更接近 Vygotsky 的思想，对火车如何沿着已建好的轨道行驶的速度不感兴趣，强调如何帮助学习者自己铺设新的轨道，从而通向一个又一个规划好的车站。①

Minick (1987) 指出，在维果茨基看来，"最近发展区"不是评估受教育者学习潜能的途径或测量学习效率的方法，而是"了解受教育者在下一个或最近的发展阶段所能具备的各种心理过程（潜能）的手段，是确认受教育

---

① 李丹弟. 基于动态评价理论的英语语言学课程评价模式研究[J]. 外语界, 2015(6):19-25.

者实现这些潜能需要什么样的指导或帮助的手段"。与强调量化的干预式动态评价不同，互动式动态评价更侧重对受教育者心理潜能发展的质性评价。

费尔斯坦是动态评价范式的奠基人物，是互动式动态评价模式的坚定支持者。他认为，必须放弃传统测验中测验者和被测验者的关系，取而代之的应是一种师生关系。为了受教育者的最终成功，师生应该共同合作。费尔斯坦所提模式的核心是"中介学习经验"理论。他认为，学习是一个相互作用的过程，教育者、学习者和学习任务三者之间不断相互作用。教育者作为中介者有意图地选择、安排和重复那些对学习者认知发展重要的刺激，唤起他的好奇心，保证"学习者能以某种方式体验到这些刺激之间的关系"。通过中介者带有明确意图的互动，学习者增长了经验，领悟到了其中蕴含的规则，会较容易地将所学到的经验、知识和技能内化到原有的认知结构中。学习者把已内化的东西应用到解决新的具体问题中，会形成解决问题的能力，最终促成其经验的内化。①

高校网络思想政治教育互动式动态评价指标包含作业参与率、小组任务参与率、投票问卷参与率、头脑风暴参与率、讨论参与率、答疑参与率、测试参与率、手写率、发言率、手绘率等指标②；多维度、多侧面结合的综合测评受教育者学习情况，并给每位受教育者给予干预，强调教育者与受教育者的互动。

（四）评价信息动态收集

"评价"是指受教育者评价，包括受教育者外显的学习成长表现及受教育者学习过程的评价；"动态"是指受教育者在整个学习成长过程的活动和变化。为了有效地进行受教育者评价，评价信息收集必须努力做到及时性、准确性、全息性和互动性的伴随式采集。

及时性包括两个方面：一是及时地发现和收集受教育者的学习行为。因为受教育者评价信息纷繁复杂、瞬息万变，有的信息稍纵即逝，无法追忆。因此，高校网络思想政治教育云平台中评价者借助云平台的日志文件，伴随性的采集受教育者评价的进程和动态，并适时地记录下已发生的情况和问题存储到数据库中，便于数据分析。二是及时传递和反馈信息。高校网络思想政治教育云平台将伴随性采集的信息进行数据挖掘评价后，将评价结果即时

---

① 梁爱民，王秀梅. 大学英语教学"动态评估"模式可行性研究：课题研究报告[J]. 考试与评价（大学英语教研版），2013(5)：55-61.

② 王英国，杨东杰，胡锐. 高校思想政治理论课获得感定量指标评价研究：基于学习分析技术[J]. 北京教育（德育），2019(2)：91-96.

性反馈给教育者、家长和受教育者，使其成为教育者教学过程的决策调控和受教育者自我认识、自我修正的有效依据。

准确性要求高校网络思想政治教育评价者在真实的网络思想政治教育教育教学情境中，借助信息化手段对受教育者学习成长表现进行系统和全面的观察，尤其要重视对受教育者的学习过程与方法、情感、态度、价值观等的观察，使其能够客观反映受教育者的实际情况。

全息性贯穿于高校网络思想政治教育受教育者学习成长活动的全过程。全息性强调评价的整体性情景，旨在把诊断性评价、形成性评价和终结性评价有机结合为一个整体运动过程，让教育者、受教育者、家长全员通过云平台参与评价，受教育者评价过程与教学过程融为一体，动态并进，以充分发挥评价的导向、诊断、反馈、激励等作用。

互动性既强调高校网络思想政治教育评价过程中主体间的双向评价、沟通和协商，注重评价结果的反馈与认同，又充分体现评价主客体之间的多向互动，听取各方的评价意见，综合评价结果，及时反馈，及时改进，不断调整和不断完善，以促使受教育者评价更趋科学、合理和有效。

高校网络思想政治教育云平台使用在线数据采集方法，实时记录了每一项教育活动和受教育者的学习活动，并将这些活动参与时间、参与受教育者、活动内容、结果等信息转化为 Excel 格式的数据文件。根据这些数据，可动态的评价每一名参与平台的教育者的每个教学活动，和每个受教育者的学习行为，并对每一次教学活动进行评估。也可将过去的数据与现在数据进行对比，由传统的静态评价变为动态评价。

（五）评价信息动态反馈

高校网络思想政治教育中受教育者评价的根本目的在于获得动态反馈信息，以帮助教育者不断地改进教学，全面考察受教育者的学习成长状况，激励受教育者的学习成长热情，促进受教育者的全面发展。对受教育者而言，所经历的每一次评价或测试都是自我总结、查漏补缺、建立自信的好机会。在评价过程中，教育者一定要善于运用评价得来的结果，及时、动态地反馈给受教育者，让每一次的评价结果既是上一次评价活动的结束，又是下一次评价活动的开始。只有依据评价结果分析原因、提出改进建议，才能使受教育者了解自己的成长与不足，不断地对自己的表现进行纵向比较或与一定的评价标准比较，使受教育者明确自己与他人的长短，主动矫正不良习惯，克服不足，不断发展自我。

为此，反馈方式上应根据不同的对象采取点对点的线上反馈的方式，通过高校思想政治教育网络平台一对一的反馈评价结果，注意隐私保护。受教育者通过即时性反馈的信息实时在手机端了解学习进度、同学的观点、教育者的点评、同学的点赞等，开展师生互动、组内互动、组间互动，促进自己的学习。同时即时性的自评和互评，给了受教育者做虚拟教育者的机会，激发受教育者的主体意识，培养了受教育者的责任感。此外，高校网络思想政治教育的教育者也要根据后天数据进行不断反思，分析受教育者、家长对评价信息的反馈，以从中总结经验、吸取教训、改进教学，促进受教育者更好的发展。[①]

二、形成性评价

现代意义上的教育评价起源于20世纪三四十年代的美国。在"八年研究"(1934—1942)期间，拉尔夫·泰勒(Ralph W. Tyler)提出了广泛而富有创新意义的课程和评价的概念体系。他认为，"课程是一组从多方面设计的学校经验，这些经验的设计和执行是为了帮助受教育者达到特定的行为结果"，而教育评价作为教学方案的一个部分，"在本质上是确定课程和教学大纲在实际上实现教育目标程度的过程"。基于这种理解，泰勒开发了行为目标评价模式，即泰勒模式。[②]

形成性评价作为教育评价的下位概念，也是依据评价目标收集有关信息，分析目标达成程度的一种手段。形成性评价是一种能促进高校网络思想政治教育中受教育者学习的有效策略。

形成性评价又称过程性评价，是在教学过程中即时、动态、多次对受教育者实施的评价，它注重及时反馈，用以强化和改进受教育者的学习。反馈是形成性评价的重要特点，也是形成性评价发挥作用的重要机制。

形成性评价关注过程。形成性评价与终结性评价的区分是相对的。同一个测验既可以是形成性的，也可以是终结性的。布卢姆等人曾经用恒温器和寒暑表来类比形成性评价和终结性评价的区别，他们分析道，"课业教程中所举行的平时测验或者测试，就好像是测量室温的寒暑表。寒暑表可能是十分精确的，然而除了记示或测示室温之外，它对室温起不了什么作用。对比之下，恒温器根据与既定标准温度的关系来记示室温，其后随即制定各种改正程序（即打开或者关闭火炉或者空调机），直到室温达到既定的标准温度

---

① 周泽枝.试论受教育者评价信息的动态性[J].教学月刊(中学版下),2009(3).
② 赵德成.教学中的形成性评价:是什么及如何推进[J].教育科学研究,2013(3):47-51.

为止。因此，寒暑表只能提供信息，而恒温器却能提供反馈与各种改正办法，直到室温达到所需要的温度为止"。终结性评价就像寒暑表，是对学习的评价；而形成性评价是恒温器，是为了改进的评价，它在评判学习有效性的同时对教与学进行及时调整，以确保过程的有效性，促进目标的最终达成。

形成性评价的本质特点是评价所收集的信息要用于改进，指出形成性评价对学习改进具有实质性的促进作用。这些促进作用主要体现在导向、诊断、反馈、强化、激励、改进等方面。一是导向方面，高校网络思想政治教育中要明确受教育者什么是最重要的以及哪些需要重点学习，使其将精力集中在重要的目标方面；二是诊断方面，高校网络思想政治教育中要分析受教育者达成目标的程度，识别受教育者表现中的优势与不足，判定受教育者是否为后续学习奠定了必要的基础；三是反馈方面，高校网络思想政治教育中要让教育者和受教育者知道受教育者的成就水平，为教与学的改进提供依据；四是强化方面，高校网络思想政治教育中要提供机会给受教育者去练习某些技能和巩固学习成果；五是激励方面，高校网络思想政治教育中要欣赏受教育者所取得的成绩和进步，激发受教育者的成就动机，培养自信心和自我效能感；六是改进方面，高校网络思想政治教育中要基于形成性评价的反馈意见，教育者改进教的策略和安排，受教育者改进学的策略、技能和安排。

高校网络思想政治教育的形成性评价是教育者在教学过程中即时、动态、多次进行的评价，如果一个形成性测验的评价任务数量过少或不能很好代表欲评价的范围，它的内容效度就不符合测量学要求；如果一个具体的形成性评价任务不能有效激发要评价的关键行为，不能准确反映要评价的目标的达成程度，它的结构效度就无法保证。一旦形成性评价的效度出现问题，基于评价所形成的推论就站不住脚，而基于推论所提出的改进办法也很难奏效。因此，教育者在教学实践中要科学应用形成性评价，确保形成性评价的准确性和有效性。[①]

高校网络思想政治教育云平台中随堂测试结果，讨论、头脑风暴和课堂作业等每位受教育者提交的文本、图片、语音等信息，通过智能手机端即时性反馈给每一名教育者和每一位受教育者。教育者通过即时性反馈的信息掌握课前受教育者准备情况、教学活动中每位受教育者的学习进度、思想政治

[①] 赵德成．教学中的形成性评价：是什么及如何推进[J]．教育科学研究，2013(03)：47-51．

知识的掌握程度、难点、易错点,特别是受教育者的观点等,进行形成性评价,客观掌握每位受教育者的学习特点,与受教育者互动,做出基于学习活动的证据性诊断,鼓励每位受教育者完成相关的学习任务,对他们提供高针对性的精准指导与帮扶,对自己的教育教学行为进行分析与反思,并实时改进。

三、隐性评价

长期以来,隐性评价还没有引起人们足够的重视,所以对隐性评价没有统一的界定。如吴思孝从评价对象的隐性表现或者是显性表现的角度来定义隐性评价,认为隐性评价是对教育者或者受教育者的隐性表现的评价。赵连顺把运用隐性的评价方式的评价称为隐性评价,如"为实现一定的评价目标,教育者在言语、体态、行为上采取'隐藏的、不暴露'的方式,对收集的信息进行价值判断"。在综合上述研究的基础上,对教育者教学行为的隐性评价的定义为:那些难以预期的、伴随着教学活动和教学评价随即出现的、对受教育者的发展起着潜移默化的影响作用的价值判断。

在实际高校网络思想政治教育过程中,隐性评价的实施策略往往是融合进行着,改变着受教育者,古希腊学者普罗塔戈说过"头脑不是一个要被填满的容器,而是一把需要点燃的火把"。隐性评价应该是催化剂,将受教育者的火把快速点燃,它应该成为课堂教学中的一种常态评价,促进受教育者健康成长。[1]

高校网络思想政治教育中的隐性评价具有以下特点:一是渗透性,在每个教育环节乃至整个教学过程中都会有隐性评价的存在;二是潜在性,隐性评价所传达出的信息与意义往往隐含在教育者的言谈举止和教学环境中,潜移默化地发生作用;三是细节性,隐性评价总是与具体的高校网络思想政治教育教学情境相关联,尤其是在教学情境中的细微之处体现出来;四是情感性,尽管隐性评价中也包含有认知的因素,但情感的倾向性更为突出,受教育者从中获得更多的是情感、态度的体验,因而对受教育者的影响也很可能更深刻、更久远。[2]

需要注意的是,高校网络思想政治教育中的隐性评价对受教育者的影响可能是积极的,也可能是消极的。积极的隐性评价对受教育者的成长有着十

---

[1] 侯小林.教育者教学行为隐性评价功能研究[D].兰州:西北师范大学,2009.
[2] 辛继湘.关注课堂教学中的隐性评价[J].教育测量与评价(理论版),2014(12):1.

分重要的促进作用，能成为受教育者可持续发展的源泉；而消极的隐性评价则会对受教育者造成伤害，使受教育者在成长的道路上失去信心和动力。那么，教育者如何促成积极的隐性评价，减少消极的隐性评价呢？

首先，高校网络思想政治教育中的教育者需要清楚地认识到课堂教学中隐性评价的存在。尽管隐性评价的内隐性特点使其容易被忽略，但作为教育者应充分意识到，高校网络思想政治教育中不仅有显性评价在发挥作用，还有隐性评价隐含在整个过程中，而且后者对受教育者的影响很可能更深远。看起来不经意的一句话，很可能使受教育者自信心大增，也可能让受教育者垂头丧气；而无意之中的一个眼神或手势，可能会让受教育者迎难而上、积极进取，也有可能会让受教育者心生畏惧、无法前行。教育者只有足够地意识到隐性评价的存在，才能对自己在教学中的言行进行细致地反思，从而有效地发挥隐性评价的积极作用。

其次，建立起正确的高校网络思想政治教育评价观。教育者需要明确评价本身是教育的重要组成部分，其根本目的是促进受教育者的发展，而受教育者在学习和成长过程中需要得到尊重、理解、宽容和激励。教育者不仅要对那些和自己意见一致的回答加以赞扬，还要能对相异的，甚至很"另类"的答案给予相应的尊重；不仅要对成绩好的受教育者欣然赞赏，还要能对成绩暂时落后的受教育者多加鼓励；当受教育者出现差错时，要能够细心地理解和耐心地指点，而不是断然指责和惩罚；当受教育者不够自信的时候，要能够用亲切的语气或是一个微笑的表情让受教育者重拾信心。可以说，只有教育者树立正确的评价观，才有可能尽量避免其消极影响，而真正起到促进受教育者发展的作用。

最后，高校网络思想政治教育中的教育者需要了解不同类型的隐性评价的特点。教学中的隐性评价可分为言语类、表情类、行为类以及环境类等类型。其中，语言类隐性评价以言语为主要方式来传达信息，具有言外之意或弦外之音的特点，表面是一层意思，而隐含着的却是另外一层意义。表情类隐性评价主要是通过面部表情透露出相应的信息，具有直观性、情感性、生动性，虽然悄无声息，但却能让受教育者感受到其中哪怕很微小的变化和意义。行为类隐性评价是从教育者各种教学行为中反馈出来的评价信息，其包含的意义比其他类型更丰富、更复杂，一些看起来似乎并不含有评价意义的教学行为，实则起到了十分深刻的评价作用。环境类隐性评价则来自高校网络思想政治环境的布置和安排。明确了隐性评价的不同类型及特点，有助于教育者采用适切的方式使得积极的隐性评价更好地发挥作用，并使受教育者尽可能地免受消极隐性评价的影响。

高校网络思想政治云平台通过云计算，对问卷调查、讨论、头脑风暴等自动评分，受教育者提交后直接显示结果，实时进行评价反馈，受教育者及时掌握自己的受教育状况。在学习分析技术所用的云平台中的数据是思想政治教育教学过程和学习过程中的实时数据，这些数据是教学评估中唯一的证据来源，是以证据为中心的评估，分析这些数据不需要单独组织，消除了受教育者评价时的焦虑和情感因素，实现隐形性评价。同时，对高校网络思想政治教育者的教学行为进行挖掘分析，特别是对其中情感、手势等感情的分析，进行隐性评价，提高高校网络思想政治的育人效果。

四、高信度

在教育测量背景中，信度是指测验结果的可靠程度，它表明经多次测验，其结果是一致的，因此，信度就是对多次测量的一致性的估计。信度的大小一般用信度系数表示。虽然信度系数无绝对的数值，但一般说来，如果信度系数能达到 0.6—0.7 左右，可以认为测量结果的信度是合理的，若信度系数能达到 0.8 以上，则测量结果的信度更好。

信度是指测验的实得分数与真分数的相差程度。实得分数（可用 X 表示）是指实际测量某种事物所获得的测定值，真分数（T）是指被测事物的真实值。由于多种原因，实得分数不可能完全等于真分数，两者之间存在测量误差，即误差分数（E）。我们可以这样来表示真实值和测量值之间的关系：

$$X=T+E \quad (1)$$

E 值越小，表明信度越高。

由于测验针对的是一组事物或某一事物的多次测量的结果而言，所以误差分数也就是一组事物或某一事物的多次测量的实得分数与真分数之差。在统计学中，通常用方差（S^2）来表示，由于在理论上误差分数的平均误差为零，所以，(1) 式可写为：

$$S_X^2 = S_T^2 + S_E^2 \quad (2)$$

信度（r）因此可以定义为在一组测量中真分数方差与实得分数方差的比率，即 $r = S_T^2/S_X^2$，但由于真分数不可能在测量中直接测量到，可根据 (2) 式得 $r = 1 - S_E^2/S_X^2$。信度系数越大，表明测量结果的可信程度越大。[①]

在实际应用中，信度主要有以下四种类型：

---

① 杨鸿. 试论影响测验信度的因素及其对策[J]. 攀枝花大学学报，1997(3)：35-39.

（一）稳定性信度

稳定性信度指的是测验结果跨时间的一致性程度。为了考察评价结果随时间的稳定性程度，我们通常间隔一到两周的时间重复测量一次，也正因为如此，我们将稳定性信度也称为重测信度。在重复测量时，要注意两次测量的时间间隔要恰当。如果时间间隔太久，可能会发生一些变故，影响到被测者的态度，那么前后的测量就会有很大的差异。

（二）复本信度

在平常的课堂测验中，教育者一般不会编制测验的复本。多复本的教育测验多见于会考这类的高利害评价中。在这类测验中，如果受教育者第一次没有及格，还有补考的机会，而为了公平起见，两次或多次测验的难度应该相同。复本信度所代表的就是一个测验的两个或多个复本的测量结果之间的一致性程度。

（三）内部一致性信度

内部一致性信度与前两者不同，它并不关注受教育者在测验分数上的一致性，而是关注测验题目之间在功能上的一致性程度，即测验题目的同质性。多数教育测验都要求测单一的变量，比如受教育者的"总结能力"或者"写作能力"等。如果测验中的题目测的确实是同一个变量，那么每一道题目所执行的测评功能实际上应是相同的。自然，同一个受教育者在各个题目上的反应也应该是相似的。例如，一个测验中的全部 20 道题都是测解决问题的能力，那么熟练解决问题者应该能做对多半，而不熟练者则会做错很多。总之，对测验题目的反应越是同质，那么测验的内部一致性就越高。

（四）评分者信度

评分者信度是评估测验结果信度不可忽略的一个重要因素。评分者信度是相对于试卷中的主观题评分而言，因为主观题评分不可避免地会受到评分者主观因素的影响。因此，对评分者信度研究的意义在于如何最大限度地保证阅卷人自身以及阅卷人之间评分标准的一致性。评分者信度包括评分者之间的信度和评分者本身的信度。评分者之间的信度是指测量两个或两个以上的评分者对于某领域内一个或多个行为观察后评判的一致性程度。若测量工具的标准化程度较低，那么在评分过程中，标准的执行可能存在较高的主观性，测量结果的信度也将随之降低，所以测量专家对这种信度格外关注。[1]

---

[1] 熊丽萍. 公开考试中表现性评价信度和效度之研究[D]. 广州：华南师范大学，2007.

高校网络思想政治教育云平台实时记录教育者教学行为和每个受教育者的学习行为，这些数据记录了从开始到结束全过程中的数据，而不是一次或者数次问卷调查或者受教育者自评、教育者自评、专家评审得出的数据，这些数据不受问卷调查中各种不确定因素的影响，也不受自我评价、专家评审中的主观因素的影响，更不受受教育者填写问卷时的随意性的影响，只是计算机客观记录的教育教学全过程的云数据。这就排除了评价对象态度、应答动机、身体健康状况等随机因素的影响，确保了定量评价的一致性。

分析这些后台的行为数据，不同的评价主体用同一评价指标评价时，所用的是未经抽样的同一数据体，可得到完全相同的评价结果，避免了各种人为因素的影响，保证了计算项目的一致性、测量的稳定性、评价标准的一致性，确保网络思想政治教育定量评价高的再测信度、复本信度和折半信度。

五、高效度

效度作为教育测量质量评价的另一重要指标，自20世纪30年代提出以来不断演进。迄今，效度已由一个简单的相关概念发展成为一个对整个测验过程的质量进行全面监控的概念体系。其涉及的范围不仅包括测验编制所依据的理论测验内容、受教育者的应答过程、测验的内部结构、测验与其他变量之间的关系，而且包括分数解释的价值意义及测验实施带来的社会后果，可以说其发展历经了一个质的飞跃过程。

高校网络思想政治教育评价注重受教育者的全面发展，不仅仅关注受教育者的知识和技能的获得情况，更关注受教育者学习的过程、方法，以及相应的情感态度和价值观等方面的发展。因此，对学业目标的评价不仅要评价受教育者对知识、技能的掌握情况，更要评价受教育者在创新能力、实践能力、与人合作的能力以及健康的情感、积极的态度、科学的价值观等方面的发展情况。

高校网络思想政治教育评价信度是评价效度的基础，高信度是高效度的前提。用学习分析技术对网络思想政治教育定量评价时，采用云平台中的实时数据，不受样本团体的异质性影响，也不受不同抽样的受教育者年龄、性别、智力、兴趣、动机、合作意愿等干涉变量的影响，无随机误差和系统误差，确保了高的评价效度。

第三节　高校网络思想政治教育全样本定量评价指标的构成

高校网络思想政治教育云平台使用在线数据伴随性采集方法，实时记录了每一项教育活动和受教育者的学习活动，并将这些活动参与时间、参与受教育者、活动内容、结果等信息转化为 Excel 格式的数据文件。根据这些全样本数据，用学习分析技术，动态的评价每一名参与平台的教育者的每个教学活动、每个受教育者的学习行为，对每一次教学活动进行评价，定量计算出到课率、抬头率、互动率等 29 个显性指标和教学内容喜好率、教育者对受教育者精准指导率、自主学习率、能力获得率等 14 个 "入脑""入心" 等隐性指标，不断地增强高校网络思想政治教育的亲和力和针对性。

一、显性指标

显性指标主要包括到课率、抬头率、单个教学内容学习率、互动率、教学效果获得感等具体指标。其中，抬头率可以用作业参与率、小组任务参与率、投票问卷参与率、头脑风暴参与率、讨论参与率、答疑参与率、测试参与率、手写率、发言率、手绘率等指标综合衡量。单个教学内容学习率可以拆分成微视频、音频、图表、文档、链接资源等内容的学习情况。互动率包括教育者点赞率、教育者点评率、教育者作业批改率、受教育者点赞率、受教育者互评率、组内互评率、组间互评率等。教学效果获得感可以通过教学活动喜好率、平时成绩优良率、作业优良率、随堂测试优良率、期中考试优良率、期末考试优良率等指标。

（一）到课率

到课率（%）=签到受教育者数÷班级受教育者总数。

（二）抬头率

抬头率（教学活动参与率）（%）：

作业参与率（%）=提交作业的受教育者数÷班级受教育者总数；

小组任务参与率（%）=提交小组任务的小组数÷班级小组总数；

投票问卷参与率（%）=提交投票问卷受教育者数÷班级受教育者总数；

头脑风暴参与率（%）=提交头脑风暴受教育者数÷班级受教育者总数；

讨论参与率（%）=讨论中发言受教育者数÷班级受教育者总数；

答疑参与率（%）=答疑中提问受教育者数÷班级受教育者总数；

测试参与率（%）=参加测试受教育者数÷班级受教育者总数；

手写率（%）=受教育者手写作业提交数÷总作业数；

发言率（%）=受教育者在单个活动中举手发言数÷本次活动的总人数；

手绘率（%）=受教育者手绘图数÷总作业数。

（三）单个教学内容学习率

微视频、音频、图表、文档、链接资源等单个教学内容的学习率（%）：

微视频学习率（%）=学习该微视频受教育者数÷班级受教育者总数；

音频学习率（%）=学习该音频受教育者数÷班级受教育者总数；

图表学习率（%）=学习该图表受教育者数÷班级受教育者总数；

文档学习率（%）=学习该文档受教育者数÷班级受教育者总数；

链接资源学习率（%）=学习该链接资源受教育者数÷班级受教育者总数。

（四）互动率

互动率（%）：

教育者点赞率（%）=单个教学活动中教育者点赞数÷该活动信息总条数；

教育者点评率（%）=单个教学活动中教育者点评数÷该活动信息总条数；

教育者作业批改率（%）=单次作业中教育者批改数÷受教育者提交作业总数；

受教育者点赞率（%）=单个活动中受教育者点赞数÷该活动信息总条数；

受教育者互评率（%）=单个活动中受教育者互评数÷班级受教育者总数；

组内互评率（%）=单个活动中组内互评数÷小组受教育者总数；

组间互评率（%）=单个活动中组间互评数÷小组数。

（五）教学效果获得感

教学效果获得感（%）：

教学活动喜好率（%）=受教育者喜欢的活动数÷总活动数；

平时成绩优良率（%）=受教育者平时成绩优良人数÷班级受教育者总人数；

作业优良率（%）=受教育者作业优良数÷总作业数；

随堂测试优良率（%）=受教育者测试优良人数÷总测试人数；

期中考试优良率（%）＝受教育者测试优良人数÷总测试人数；
期末考试优良率（%）＝受教育者测试优良人数÷总测试人数。

二、隐性指标

隐性指标包括教育者对受教育者精准分析率、教育者对受教育者精准指导率、单个教学内容喜好率、自主学习率、能力获得率。其中，教育者对受教育者精准分析率可以通过受教育者画像的质量来体现；教育者对受教育者精准指导率可以用作业精准指导率、小组任务指导率、讨论指导率、头脑风暴指导率、测试指导率等指标综合衡量；单个教学内容喜好率可以通过重复开展单个教学内容的次数进行分析；自主学习率可以通过受教育者利用课外时间学习教学内容的情况来考量；能力获得率主要源自受教育者个体的自评。

（一）教育者对受教育者精准分析率

教育者对受教育者精准分析率（%）＝受教育者数据画像数÷班级受教育者总数。

（二）教育者对受教育者精准指导率

教育者对受教育者精准指导率（%）：

作业精准指导率（%）＝作业中对受教育者评价指导条数÷提交该作业总数；

小组任务指导率（%）＝小组任务中对受教育者评价指导条数÷提交任务总数；

讨论指导率（%）＝答疑中对受教育者评价指导条数÷答疑总条数；

头脑风暴指导率（%）＝头脑风暴中对受教育者评价指导条数÷头脑风暴总数；

测试指导率（%）＝测试后对受教育者评价指导条数÷受教育者总数。

（三）单个教学内容喜好率

微视频、音频、图表、文档、链接资源等单个教学内容的喜好率（%）：

微视频喜好率（%）＝受教育者重复观看该微视频次数÷受教育者总数＋100；

音频喜好率（%）＝受教育者重复听该音频次数÷受教育者总数＋100；

图表喜好率（%）＝受教育者重复学习该图表次数÷受教育者总数＋100；

文档喜好率（%）＝受教育者重复学习该文档次数÷受教育者总数＋100；

链接资源喜好率（%）＝受教育者重复学习该链接资源次数÷受教育者总数＋100。

（四）自主学习率

自主学习率（％）＝受教育者课外时间学习教学内容数÷资源总数÷班级受教育者总数。

（五）能力获得率

能力获得率（％）＝受教育者自评中的能力获得数÷班级受教育者总数。

基于学习分析技术，高校网络思想政治教育全样本非实验定量评价变为现实，实现了从考察单一阅读量和点赞量到多元过程评价的跃升，可以为受教育者成长成才提供科学评价、量化分析的手段，从而真正提升思想政治教育的亲和力和针对性。一切靠数据说话，依靠直观的数据对受教育者的学习行为进行判断和制定育人决策，实现了基于数据的思想政治教育，也必将改变传统高校思想政治教育的评价方式和教学方式，切实提高思想政治教育质量，提升受教育者思想政治教育获得感，培养越来越多的担当民族复兴大任的时代新人。